马彦威 吴新星 编著

直播营销高手三十六计

农产品带货全攻略

中国农业出版社
农村读物出版社
北京

图书在版编目（CIP）数据

直播营销高手三十六计：农产品带货全攻略 / 马彦威，吴新星编著. — 北京：中国农业出版社，2020.11（2021.10重印）

ISBN 978-7-109-27401-3/01

Ⅰ. ①直… Ⅱ. ①马… ②吴… Ⅲ. ①农产品－网络营销 Ⅳ. ①F724.72

中国版本图书馆CIP数据核字（2020）第188097号

直播营销高手三十六计：农产品带货全攻略

ZHIBO YINGXIAO GAOSHOU SANSHILIU JI: NONGCHANPIN DAIHUO QUAN GONGLUE

中国农业出版社出版

地址：北京市朝阳区麦子店街18号楼

邮编：100125

策划编辑：黄　曦　　　责任编辑：黄　曦

版式设计：水长流文化

责任校对：吴丽婷

印刷：北京通州皇家印刷厂

版次：2020年11月第1版

印次：2021年10月北京第4次印刷

发行：新华书店北京发行所

开本：880mm × 1230mm　1/32

印张：3.5

字数：150千字

定价：20.00元

目录

翻开本书，可扫描文中二维码观看配套小视频

为什么说做农产品直播带货，做“三农”短视频大有可为？

2019年，一个以展现田园生态、农村生活为内容创作方向的短视频创作者，在很短的时间内火遍整个互联网，甚至成为外国人眼里的中国淳朴乡俗文化的输出者，她就是李子柒。短视频正逐渐成为互联网内容新的增长主力。由短视频内容带来的商业价值也逐渐成熟，短视频带热了内容，也带红了视频的主角。同时，也给农产品带来新的销售渠道。农产品可通过网络红人直播推广，获得更好的销量。一部智能手机，再加上网速足够快的网络就可以实现短视频内容的传播，低门槛、易上手的短视频运营模式，为“三农”创业者带来了前所未有的机会。

2018年开始，“巧妇9妹”“杨凌农科”“美食作家王刚”“乡村小乔”“乡野丫头”“西北小强”“安小鹿”“侗族

李子柒成为中国淳朴乡俗文化输出者

农产品直播带货正当其时

姐妹花”等“三农”内容创作者，依靠短视频，并通过“三农内容+农产品销售”的形式，将乡土日常、乡村风景、种植养殖、乡村美食、传统风俗、乡村教育、乡村养老、乡村爱情故事等与农产品销售结合，取得了良好的效果。这种形式真实呈现了“三农”场景，吸引了大量粉丝，促进了农产品的销售和乡土风情的传播，解决了部分农民农产品的销售问题。而且很大一部分“三

短视频助力农产品销售

农”头部创作者相继成立了公司或注册MCN公司（指一种多渠道网络服务公司），带动了当地就业，形成产业化的同时创造了非常惊人的销售业绩，真正地为当地经济注入了新的活力。同时短视频传播打破了时间和空间限制，让“养在深闺人未识”的农产品有了向外展示的机会，并依托物流快递的发展创造了新渠道，实现了农产品变现、农民增收。

广阔田野到处有“三农”短视频素材

前面有成功的“三农”达人引路，后面有政府的大力支持。现在入局“三农”短视频，培育IP，做直播带货农产品正是时候。

2020年各级政府和平台继续对“三农”领域电商大力扶持。

农产品通过短视频宣传有了更多展示机会

2020年5月，习近平总书记也对这种新的助农方法表示了肯定，认为电商作为新兴业态，既可以推销农副产品、帮助群众脱贫致富，又可以推动乡村振兴，是大有可为的。

而作为电商形式中更直接更有互动效果的短视频营销和直播带货，更是为农产品销售加了“一把火”。各级政府的县、市长也带头走进直播间，为农产品站台带货。全国已有近百个县市成立“三农”直播电商基地，培育和扶持大量农村留守妇女参与到“电商助农”当中来；同时还为回乡创业的有识之士，提供了良好的创业环境。各短视频平台，比如快手、抖音、西瓜视频官方也多次组织网红达人为贫困地区农产品做直播推广带货。而且平台推出各种免费培训，帮助“三农”领域达人做好短视频内容。

这个时候进入短视频的领域抓住政策扶持的有利条件，依托短视频平台优势，打造“三农”领域个人IP，成为短视频新农人正当其时。

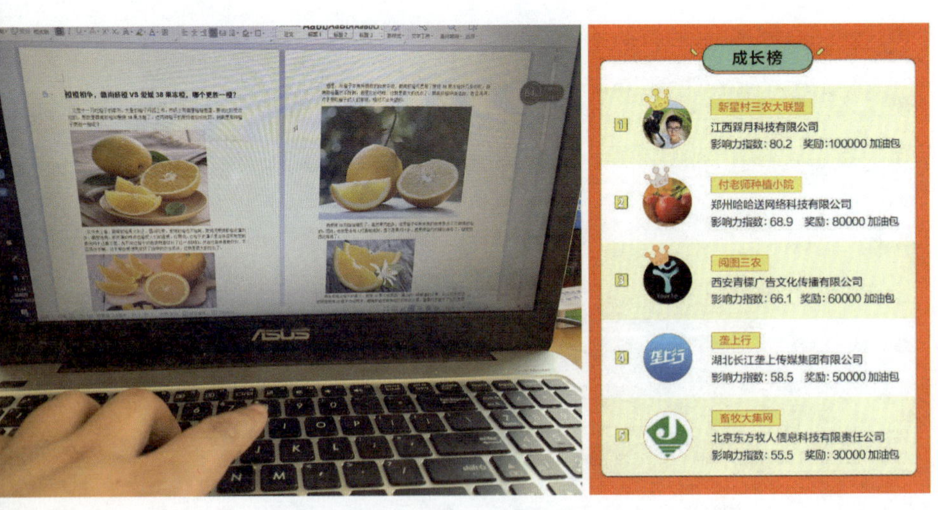

短视频营销为农产品销售加了“一把火”

现在学做“三农”短视频晚吗？

这个问题，是想回乡创业或者进入“三农”短视频领域的人最大的困扰，其实这时候进入这个领域并不晚。主要有以下几个理由：

短视频红利才刚刚开始

短视频内容带货在2019年全面降低了准入门槛。就拿抖音平台来说，2019年上半年要求有一万粉丝才可以开通橱窗带货，而2019年下半年，拥有一千粉丝就可以开通橱窗进行带货了。直播带货在2020年初开始全面发力。短视频自媒体在前期的发展过程中，一般会以优质内容累积用户数量，最后再到商业化，短视频自媒体的春天这才刚刚开始。

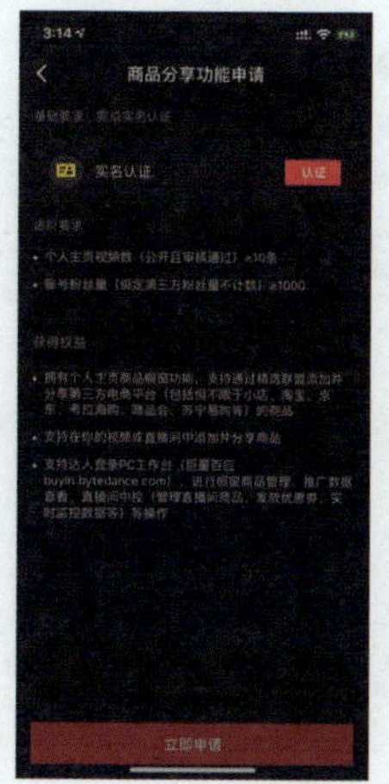

橱窗带货功能开通

“三农”领域创业，没有比短视频创作与运营更低成本的模式了

任何一种创业都需要投入，有多有少，有大有小。“三农”短视频创业需要投入的只有一台智能手机、一个三脚架，甚至连电脑都不用配置就可以开始了。如果您没有资金或者有其他创业选择，进入“三农”短视频领域是您的最佳选择，因为这个过程只需要不断地学习成长，付也的只有时间成本，其他的投入并不多。即便三个月没有收获粉丝也没有做带货，投入的也只有时间成本，而积累的经验都是有意义的。

创作“三农”短视频对于农人来讲有天然的优势

生活在农村，农人、农业、农事是取之不尽的短视内容素材，原生态的生活场景，让新农人具备了天然的优势。如今，农民的手机已成为新农具，电商数据成为了新农资，直播成为了新

原生态生活场景是天然的优质素材

广阔的农村天地是源源不断的创作源泉

农活。广阔的农村天地，为“三农”短视频提供了源源不断的创作源泉。

虽然短视频“三农”领域创作者也面临着内容同质化、短视频实操技能薄弱等困扰。但这恰恰是马上进入短视频领域的理由，只要做好自己的特色内容，努力提高自己的短视频内容策划能力和拍摄技能，再加上精彩的剪辑，就能做出优质的“三农”类短视频。

农村电商、直播带货大有可为

5G时代“三农”短视频的红利趋势是什么？

随着5G技术的全面应用，“三农”短视频呈现以下趋势：

与图片和文本相比，短视频可以将内容视觉化表达出来，其更高的互动性，动态视觉化等特点是图文形式所无法比拟的。目前，更多的图文创作者已转战到短视频创作中来，而且随着5G技术的应用普及，给短视频营销带来了更多的可能。

相对于其他产品来说，农产品更适合用短视频的形式呈现。农产品的生产、生长等过程更需立体化、全程化地表现出来。这对于消费者来说是建立信任的最好方法。同时，能在最短时间内将农产品差异化呈现给用户，使消费者下单购买，实现转化。

5G会推进平台和技术更加成熟，在线就可以一键完成拍摄和

农产品适合用短视频的形式呈现

制作及直播，让技术门槛进一步降低，所以5G时代对于“三农”短视频创作者的红利就是高效、方便。所以，好好利用5G技术，快速打造“三农”短视频IP，提早布局“三农”矩阵等，就能搭这趟信息技术快速发展的红利快车。

打造“三农”短视频IP

“三农”账号如何通过直播带货及其他变现途径赚钱?

想直播赚钱，先做好选品

这个问题对于“三农”短视频创作者来说非常重要，可以从两方面去考虑。

一是从开始账号策划的时候就做好明确定位，要带本地的土特产，那就围绕着这些产品做内容。比如草原上的“三农”创作者，拍的就是牛、马、羊等相关内容，最后带货也是带牛、马肉干或相关产品等。二是拍摄农村、乡俗等内容，不限定地域和具体题材，带货可以更广泛，可以带不同地域的不同农产品。

“三农”带货选品，以下几个原则可以供大家借鉴参考，活学活用。

一是要注意品质。品质是一个优质“三农”账号的核心。带

品质是核心

任何一个产品，品质应该排第一，在保证品质的情况下，再考虑其他的选品因素。品质就是账号的生命，账号的生命力不只取决于人设，还取决于带货产品的品质。

二是选带地域标识的独特产品。什么叫做地域标识？比如说东北大兴安岭的松子、安徽的野生核桃、新疆的和田大枣、广西的贵妃芒、东北五常大米等。有些产品因为产地的独特性，已经被贴上了地域标签，带这种产品，因为它们已经有了本身的知名度，有了品牌效应，不需要特殊的宣传，人人皆知它的品质是好是坏。所以这也是选品带货当中一个重要因素。

三是注意运输的安全性。关于这一点不用过多讲解大家也能明白。有很多产品不容易运输，在运输的过程中易坏、易烂，对运输的要求高，需要付出更高的带货成本，比如火龙果。火龙果对于运输要求就特别高，如果运输时间过长或者在高温的情况下就会出现烂果现象，这样就影响了口碑。所以带这种产品一定要把控好供应链，做到当天采当天发。还有很多需要保鲜的海产品，或者是运输到冬季比较寒冷的东北地区，运输时都要特别注

运输注意安全性

意，充分考虑运输的安全性。

四是要区分引流品和利润品。如果做直播带货，一定要把引流品利润品或者是福利品区分开，在这里我只讲引流品和利润品。账号建立初期粉丝并不多的时候进行带货，一定要给粉丝更多的福利，这个时候就涉及引流品的选择。引流品一定是质优价廉的，不考虑利润，用来促进粉丝黏性，沉淀粉丝，吸引更多粉丝关注的产品。利润产品，字面意义理解就是能够有一定合理利润空间的产品。合理利润空间指的就是目标粉丝和人群能够接受，在价格合理范围内的利润值。

五是选与账号人设吻合的产品。关于这一点，很多"三农"领域的带货达人会忽略，因为当你有一定的粉丝量后，会有很多的商家找你进行带货的合作，这个时候我们在选择合作方时就要注意，你所要带货的产品是否和你账号的内容吻合，或者和你本身的人设相吻合，吻合度越高越好。不要因为有粉丝量就觉得什么产品都可以带得动，粉丝的构成和消费能力还有账号的人设决定了你能带的产品是有一定的范围的。

内容流量变现

内容创作者通过自媒体平台发布优质的文章、图文、小视

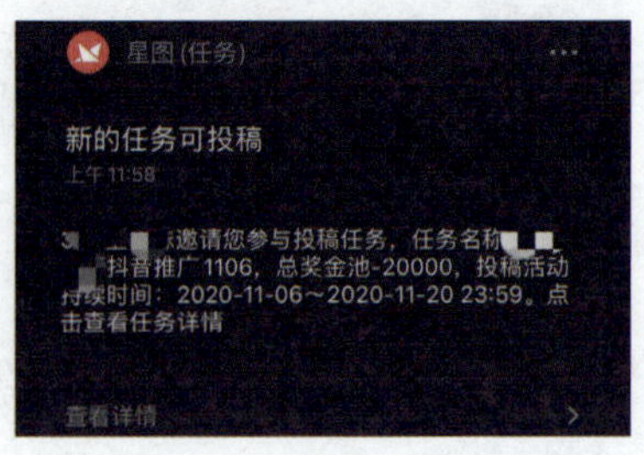

内容变现

粉丝管理
素材管理
原创保护
消息
私信
自动回复
数据
内容分析
粉丝分析
消息分析

2019/05	6209.26	6209.26	0	6209.26	0	已支付	--
2019/04	8044.02	8044.02	0	8044.02	0	已支付	--
2019/03	17381.34	17381.34	0	17381.34	0	已支付	--
2019/02	26552.55	26552.55	0	26552.55	0	已支付	--
2019/01	28849.75	28849.75	0	28849.75	0	已支付	--
2018/12	31202.73	31202.73	0	31202.73	0	已支付	--
2018/11	22985.06	22985.06	0	22985.06	0	已支付	--

内容创作后台界面

频、短视频等内容，通过平台的内容推荐机制推送给用户，有用户点击内容创作者发布的内容，后台即可产生相关的收益，具体收益单价看平台政策

带货流量变现

内容创作者通过自媒体平台发布优质的带货文章、图文、小视频、短视频等内容或进行直播，平台通过智能方法系统，将带货内容和直播推送给对此内容感兴趣的人，有人点击其中的购买链接购买了商品，创作者就可以在后台得到相关的佣金收入。

利用广告流量赚钱

内容创作者通过自媒体平台拥有了一定的影响力和粉丝后，

广告流量变现

很多广告主就会找到内容创作者投放广告，广告主可以按天/月/季/年来签合同，

内容创作者通过展示广告也可以获得一份不错的收入，但是不是什么广告都可以接，需要符合平台规则和符合自己账号定位，否则容易掉粉。

（备注：本书所说的自媒体平台指今日头条、百家号、企鹅号、大鱼号、趣头条等类型的平台）

如何策划一个高流量的“三农”领域的短视频？

如何策划一个高流量的“三农”短视频，首先我们应该了解高流量是怎么产生的。

为什么有的内容就能够流量过百万，甚至千万，有的内容观看人数却寥寥无几？首先我们应该了解平台的算法。

视频内容是否获得更多的推荐，取决于观看到你内容的粉丝是否具有以下行为，也就是播放、点赞、评论、分享、关注。

如果用户刷到你的内容，他对你的内容并不感兴趣，甚至没有看下去就划走了，就说明你这个视频内容不吸引用户，也就会没有播放率，如果没有播放率，那就更谈不上点赞、评论和分享了。

做用户感兴趣的内容才有高流量

所以要创造高流量的视频，应该做到针对目标用户做内容，这样你的目标用户才会感兴趣，才能保证内容播放率。针对目标用户做内容。

第一，在账号定位的时候就应该给你的目标用户“画像”，你的目标用户到底喜欢什么样的内容，他们的关注重点是什么？他们的年龄结构、消费水平、喜好是怎样的？这都是目标用户画像的基础，了解了你的目标用户，才能有针对性地做他们喜爱看的内容，才能保障视频的基础播放。

第二，要了解平台的推荐机制。也就是最上面第1段话所讲的，只有了解了平台的推荐机制，才能知道热门是怎么产生的，这样才能有利于爆款内容产生。

第三，策划一条高流量的“三农”视频还包括做个好封面和取个好标题。一个好的视频封面可以让用户产生观看兴趣，标题是让用户最终决定是否观看的决定性因素。在本书后面的其他的内容里有讲取标题的诀窍，这里就不多阐述了。

第四，就是人设特点。一个账号有鲜明人设特点，才能够吸引用户持续地观看，突出人设是收获铁杆粉丝的必要条件，只有

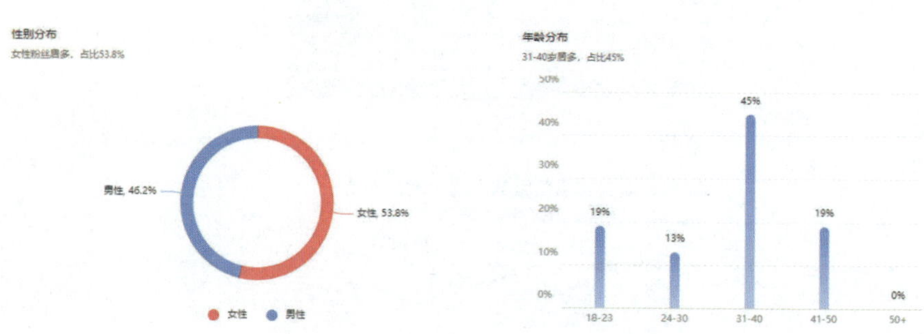

为目标用户“画像”

粉丝黏性比较强，你的每条内容粉丝才愿意参与，才愿意评论并且分享。从而提高这条内容的权重而获得更多的推荐。做“三农”类账号，人设一定要符合自己的本真性格，也就是不要特别地去演一个什么类型的人设，一定是和自己的本真性格相符合。比如说农民身上的朴实无华的品质，乡村里淳朴的民风，这都是非常好的人设和表现内容。

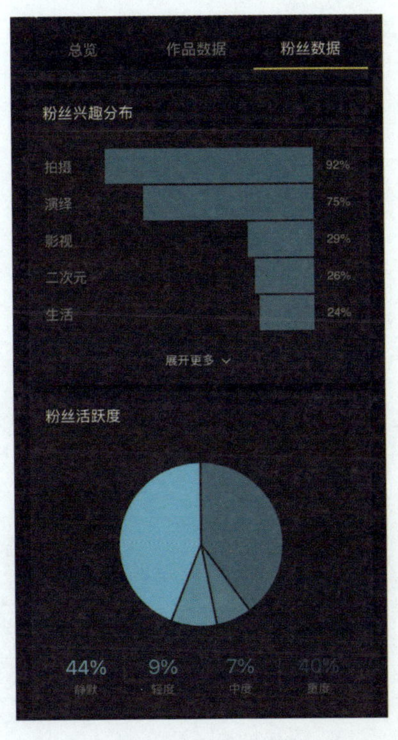

了解粉丝喜好、活跃度

第五，视频内容，要贴合热点。贴合热点，一定是目标用户所关心和喜爱的点，不要盲目地去蹭和自己账号定位或者是内容定位完全不搭边的热点。热点和选题，其实可以从粉丝的评论区域当中挖掘，只有符合粉丝兴趣爱好和喜好要求的内容才会引起他们的关注。有看点、有评论点的内容才能引起更多的热议，才能获得更多的

爆款新疆葡萄干遭频繁退货，不是质量原因，商家：我很冤枉啊

已发布 置顶 原创

展现 208.9万 · 阅读 43.5万 · 点赞 7 · 评论 807

贴合热点

流量。

总而言之，策划一条高流量的“三农”内容短视频，一定要知道，点赞、评论、分享和播放的重要性，所做的内容，没有引起目标用户的点赞、评论、分享就不会上热门。如果内容足够新、特、奇，且能切中用户的兴趣点，就很有可能获得高流量。

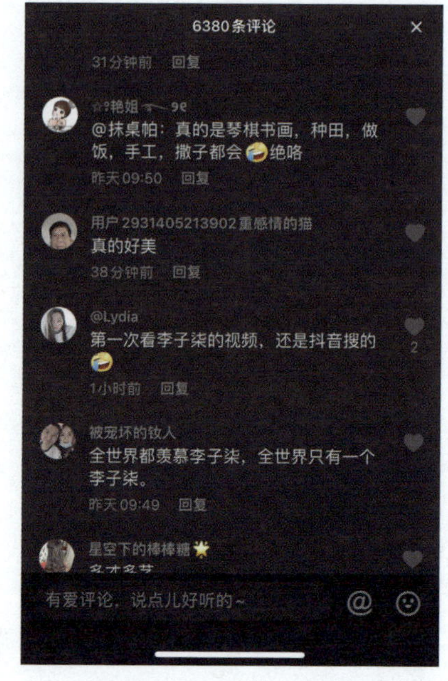

评论多有助于上热门

6 如何写一个“三农”短视频脚本？

一个完整的“三农”短视频内容，应该具备人物、事件、主题或者事件、人物、主题这些要素，看到这里你一定会问，都是这三个词，为什么排序不一样呢？

“人物、事件、主题”这种排序把人物要素放在前面，是指这个短视频是以独立人设为主导的，也就是围绕着账号主体人物的性格特征、身处环境和身份等展开的，以人设带内容。

“事件、人物、主题”这种排序是以事件为主展开内容的，这种形式多呈现在多人设账号里，故事性比较强。

无论哪一种排序来策划短视频，短视频脚本都不能完全照搬影视脚本，而是要简单、通俗、易操作。学习写脚本先学会讲好故事。其实，每一条短视频内容就是一个小故事。“三农”领域

讲好“三农”故事

以农村场景为故事背景

的短视频应该以农村为场景，农业生产为故事背景。策划过程包括：

- **定下故事大纲**
- **把故事大纲转化成拍摄文案**
- **按照拍摄文案，也就是脚本拍摄和剪辑**

具体来说，就是：

（1）先定一个主题。就是今天这条内容主要表达的什么。比如：“今天鸡场新到鸡雏，我们看看运输200公里后鸡雏的存活率多少？”你的内容一定是围绕着这个主题展开的。很多人就是主题没有定下来就开始拍摄了，最后看完不知道这条内容到底要展示什么，内容显得很散。这样的内容用户不会爱看，没法留住用户。主题就是这条视频内容或者这个故事主要表达什么，要解决一个什么问题，相当于文章的主旨。再举个例子，“村里李大爷家儿子考上了清华大学，办喜事，咱们瞧瞧人家咋这么优秀呢”，这个视频的主题就是揭秘为什么李大爷的儿子这样优秀。在这个主题之下，视频内容呈现一个小采访也好，一次聊天也好，得把这个事弄清楚了，这就是紧紧围绕着主题展开内容。如果只拍了拍道喜，拍了拍大家都在准备做菜，你也帮着搭把手，最后吃完饭回家了，这样的视频就相当于没有主题。

没有主题的短视频内容是没有灵魂的，更别谈让用户喜欢了。

（2）定完主题后，还要确定人物。也就是这件事或者这条视频内容中的人物，都有谁，都是什么角色。比如，著名的农村网红达人“乡村小乔”，她的账号中有一个视频就是“小乔家换监控”。这条视频的人物有小乔和妈妈，还有胖大哥和胖大嫂。

乡村的有趣故事是关注热点

先是小乔想自己上树去换，结果妈妈笑话她，没有换成功，然后找到了胖大哥来帮忙，中间穿插胖大哥吹嘘自己很厉害。这样的一条视频内容，你会发现人物出场都是有顺序的，而且人物对话很符合人物本身的特征，这样的内容看似只是平凡的乡村小事，但一波三折，饶有趣味，满足了大家都爱围观，都好奇结果是什么的心理。乡村生活中到处都是素材，只要内容有趣，就会让用户关注和喜爱。

上面用于举例的那条视频，能够让大家很好理解视频脚本包括的基本要素：在哪里（去哪里），谁谁谁做什么？做得如何？这些都好理解，在哪里是场景，比如今天我去田里打药，视频的

乡村生活到处有素材

主要场景在田里。我是人物，做什么就是具体的事务了。

构思一个故事内容，包括人物、事件、主题，然后就是把故事写成可以拍摄的脚本就可以了。

如何撰写一个简单易懂的适合“三农”领域使用的短视频脚本呢？在这里我分两种方法来讲，第一种是文字形式的脚本，也就是分镜头文案，可以随时用手记，写后存起来，拍的时候使用。第二种就是表格形式的脚本表，这种适合有团队的“三农”内容创作者们使用，方便不同岗位人员之间的沟通，提高工作效率。

我们先来了解一下常用的第一种类型的文字脚本。

确定故事内容：

地里的红薯应该收获了，老爸要找几个同村的帮忙收红薯，三妹想用同村的新买的机器收，但是老爸不同意用机器进行收，还是想采用传统的人力来收。他们谁也说服不了谁，最终三妹决定和爸爸进行PK，看看哪种方式收红薯又快又好。

第一种：故事转化成文字脚本的简单呈现。

标题：**三妹和老爸进行收红薯PK，你猜是几万块的机器收得好还是人工收得好？**

场景一：早晨，室内，餐桌

人物：老爸和三妹

景别：中景

对白：爸，你看你这身体都不中了，还是让强子开机器来收吧，又不贵，一亩地不到一百元。

…………

场景二：空镜头：早晨，太阳光穿过树林，袅袅炊烟升起

场景三：早晨，地里

人物：强子、三妹、老爸等

远景：地里一台收红薯机器正在工作，开机器的正是强子；另一边，爸爸也正在地里人工收红薯，大家都干得热火朝天

第二种：就是表格形式的脚本表。

镜号	景别构图	场景描述	对白或解说	技巧	配乐音效	时长

镜号：每个镜头的序号

景别构图：一般分为全景、中景、近景、特写等

技巧：包括镜头的运用，如推、拉、摇、移、跟等；镜头的组合，如淡出淡入、切换、叠化等。

场景描述：详细写出画面里场景的内容和变化，并做简单的构图说明等。

对白或解说：按照分镜头画面的内容，以文字脚本的解说为依据，写得更加具体、形象。

配乐：使用什么音乐，应标明起始位置。

音效：也称为效果，它是用来创造画面身临其境的真实感，如现场的环境声、雷声、雨声、动物叫声等。

时长：每个镜头的拍摄时间，以秒为单位。

脚本表的形式适合短视频团队应用，团队里有文案策划、拍摄、剪辑等人员分工，脚本表起到协同工作的作用，不建议写得太烦琐，只要每个岗位的人员能看懂脚本内容并完成拍摄就可以了。

如拍摄一个美食类的短视频，可采用如下的脚本表：

“三农”领域美食类拍摄脚本表

镜头时间	拍摄序号	拍摄手法（平、仰、高、俯、跟）	景别（中、远、近、特）	拍摄画面（内容概括）	拍摄地点	道具	声音
3秒	1	平拍	近景	在农村做菜的场景	农村厨房	菜刀	菜刀切菜声
3秒	2	仰拍	近景	对着镜头口播介绍自己	农村厨房	麦克风	口播
8秒	3	仰拍	近景加特写	美食的特写画面	农村厨房	菜/菜刀	菜刀切菜声
4秒	4	平拍	特写	讲解美食内容	农村厨房	麦克风	口播

如何写一个好的“三农”短视频脚本开头？

很多人刚开始写“三农”短视频脚本开头，觉得太难了，不知如何下笔。如何让用户刷视频的时候，前3～6秒就能吸引他们，让他们产生兴趣和好奇心呢？

其实，写好脚本的开头是有技巧的。简单地说，就叫做开头爆点前置+留下悬念，意思就是，我们把这个视频最精彩最吸引人的地方，放在视频的前3～6秒，这样做有几个好处：

一是爆点前置能快速吸引用户的眼球，让用户在很短的时间内对你的视频产生兴趣，延长停驻时间，不会马上划走。

二是留下悬念，就是让用户带着好奇去看你的视频，这样可以大大提高视频的完播率，从而让系统加大对这条视频的推荐力度。

什么叫完播率？可以理解为你发布视频被用户完整播放完的

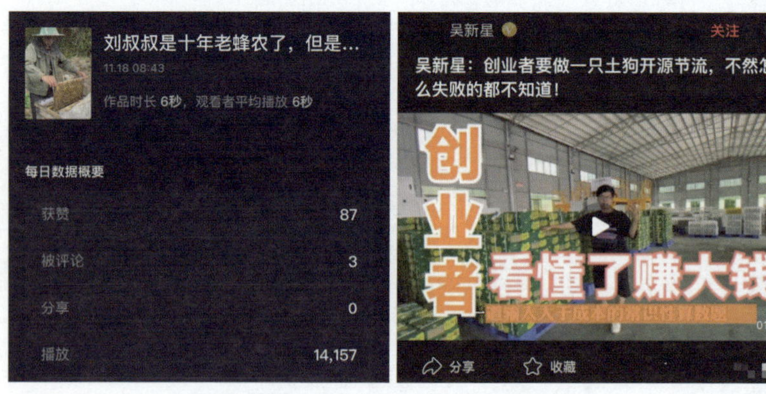

有悬念的故事让人有好奇心

概率，完播率越高，系统推荐力度越大

接下来我们进入实战环节，举个例子。有次我们去广西火龙果基地，到的时候是晚上，我们发现火龙果果园晚上是需要开灯的。为何要开灯？我们问了果农后才知道，这样可以帮助火龙果提升口感和品质。但如果晚上一直开着灯，电费会非常的昂贵，甚至有传闻，火龙果果园一晚上的电费达到了二十多万元，这传闻是真是假呢？我们可以围绕这个话题来拍个“三农”视频。

为了吸引用户和增加视频完播的概率，这个视频脚本的开头我们是这样写的：

15000亩地的火龙果一晚上电费24万是真是假？大家都来算算，来评评理，看完视频你就明白了。

这个视频的开头，我们正是运用到了爆点前置和设置悬念的方法，最终取得了超过200万的播放量，吸粉5万人的好成绩。

接下来我们来拆解下这个开头：

首先，爆点前置——15000亩地的火龙果一晚上电费24万是真是假？大家都算算，来评评理。

其次留下悬念——看完视频你就明白了。

这样就激起了观看者的好奇心。这个视频的被推荐概率就大大提高了。

灵活运用这个“套路”去创作精彩的短视频开头，相信大家都能写出满意的脚本开头。

好的视频开头能获得高流量

怎么拍出高质量的“三农”短视频？

以“三农”为题材的短视频大部分都以纪实为主。也就是说，遇到什么样的事情，或者今天做什么样的事情，通过镜头以写实的风格记录下来。如何拍出高质量的“三农”题材短视频，这是有技巧的。

学习之前先学习一下手机拍摄前的设置。

- **第1步** 擦拭镜头。一定要养成这个习惯。以免因镜头上面有灰尘或者手指印影响画面质量。
- **第2步** 把手机屏幕调到最亮，因为在室外拍摄的时候，屏幕有反光作用，所以很难看清被拍摄主体的光线以及明暗度。
- **第3步** 设置手机分辨率参数。安卓类型的手机点录像图标后，在右上角设置，分辨率选择1080p，如果拍摄慢动作可以选择1080×60fps，如果不是拍摄慢动作选择1080×30fps就可以了。
- **第4步** 打开手机的网格线或者参考线。
- **第5步** 如果是安卓类型的手机，比如华为手机，在拍摄的时候，可以选择专业模式。

设置好手机之后。我们来学习一下几种“三农”题材常用的拍摄类型。

第一种，自拍形式

自拍形式

自拍是创作者入门级的常用一种形式，也就是说用手机云台或者自拍杆，自己手持进行拍摄。这种方式简单容易操作，设备相对便宜。特别是“三农”领域的创作者，在直播的时候大多会用到这种形式，也就是边走边播，边走边看，边走边拍。采用这种形式要注意防抖。如果你的视频画面稳定性差，一方面，自媒体平台不会推荐；另一方面影响观看者的视觉舒适度。所以采取自拍形式，一定要用防抖的自拍杆，防止视频画面过度抖动。

第二种，固定机位拍摄

固定机位

这种拍摄方法常见于一个人独自完成拍摄的情况。“三农”自媒体创作者，如果是一个人进行创作，拍摄没有别人辅助，可以在拍摄前通过三脚架把手机架起来进行拍摄。这种拍摄方法运用到的拍摄基础技巧有构图、景别、视角、光线的设计与选择等。

先说构图。构图最主要就是两种：中心构图、井字构图（黄金分割构图）。其他还有倾斜构图、残缺构图，但不常用。中心构图使被拍摄主题处于中心，井字构图就是打开手机的参考线或者网格线，让被拍摄物体处于网格线上就可以了，也就是画面中的主体靠左边或者靠右边1/3处。

再说景别。景别由远景、全景、中景、近景、特写这几个部分组成。一个视频画面的组成通常是由不同景别构成的，大多不会一镜到底。特别是短视频，三秒钟就应该切换一个画面，避免用户有视觉疲劳感。这是提高视频内容播放率的基本要素。远景，就是拍摄的是远处的景物。可以作为开场或者转场时的空镜头来使用。全景也就是人物全部呈现在画面当中，有交代环境的作用。使用中、近景镜头拍人物，用于展现人物的表情动作。特写是刻画人物微表情和情绪的利器，特写镜头运用得当，能增加

近景拍摄

视频内容的感染力。

另外，还要说说拍摄的视角。拍摄视角常用的有平视、仰视、俯视这三种。

还有一些特殊的视角也是可以运用的，比如贴近地面的视角，这种视角属于特殊的平视视角，可以展现从屋子走出去或者走过来的过程，在田间地头劳作的时候，可以采用这种视角。

如李子柒的视频，为什么拍摄得那么唯美，就是因为应用了不同的景别不同的构图以及不同的视角。这样的构图、景别、视角，有一种旁观别人生活，参与了乡村休闲生活的感觉。

光线有逆光、顺光、侧光、顶光和底光。常见的光线就是顺光、逆光和侧光，逆光也可以分为侧逆光。顺光就是顺着你手机的拍摄方向过来的光线，这是每个“三农”创作者经常用到的一种光线。侧光是非常好用的一种光线，比如说你坐在窗前，窗外的光线照到你的脸庞上，这种就是侧光，侧光能够表现人物非常安静的一面。比如要拍摄你在读书写字或者思考的画面，可以应用窗外的光线制造一种侧光效果，画面唯美感一下就出来了。逆光可以形成两种效果，一种是剪影效果，也就是说整个被拍摄主体成为一个黑色的剪影。还有一种可以形成为轮廓光，也就是说整个被拍摄主体的轮廓通过逆光展现出来，在农村的生活场景中，逆光是一种常见的光线，夕阳西下，赶着水牛从村口回家，这完全可以用逆光的形式进行拍摄，从而使画面特别的唯美。

画面的美感不止决定了视频质量，而且决定了用户是否想关注你。总之，拍摄技术需要勤模仿多练习，多拍自然就熟练了。

拍摄“三农”题材的短视频最省钱的设备有哪些？

做短视频的新手，觉得别人的视频拍得那么高大上，一定是用最好的设备，比如说单反相机、滑轨无人机等。其实，对于一个初做“三农”题材短视频的创作者来说，并不需要太高端的设备，一部手机、一个三脚架就足够了。设备固然重要，但是设备不是做好内容的必然条件。

首先要有一部手机，摄像像素达到1080p就可以了，在追求设备和内容上，还是先把内容做好，然后再慢慢地去提高自己的设备丰富度。

其次，有一个固定的三脚架。这种三脚架在淘宝上几十元就可以买到，自己拍摄视频的时候用来架手机。选择三脚架，要看看是否稳固、方便携带，可以选择伸缩型的三脚架。

因为西瓜视频的内容也可以通过西瓜视频App手机端进行上

手机拍摄短视频

传，所以不建议购置电脑设备，字幕剪辑不建议使用电脑软件，因为很麻烦，如果你用手机进行拍摄，用手机里的软件进行剪辑，然后用手机直接上传就可以了。

使用手机作为拍摄和剪辑的主要工具，这样做到了随时随地进行拍摄，随时随地进行剪辑，随时随地进行创作，随时随地进行上传，这对于一个“三农”领域的创作者来说是非常重要的。

如果经常在室外拍摄，还要购买一个收音设备，100多元的领夹式麦克风就已经非常好用。在室外的时候，50米的距离内都可以收音。使用时，一端通过转接头插在手机的耳机端，另一端夹在领夹上进行收音，所以在室外比较嘈杂的环境当中领夹式麦克风是必备的工具。

综上所述，一部手机加上一个三脚架再加上一个收音设备就是短视频创作入门的设备投入了，有了这些，就可以开始创作“三农”题材的短视频了。

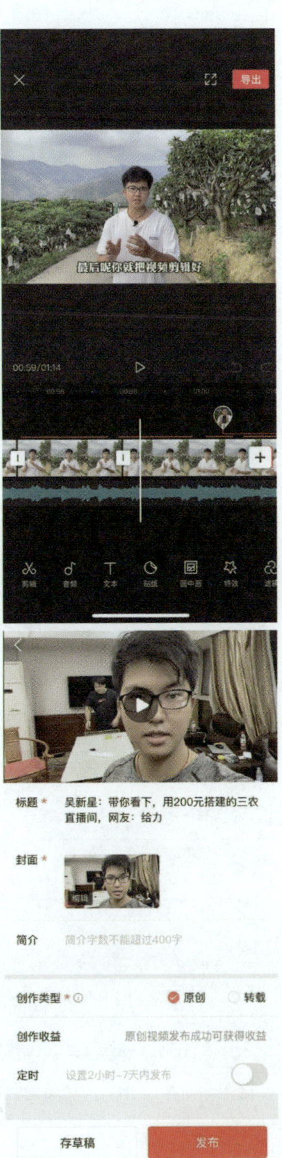

随时拍摄随时剪辑

10 如何与镜头聊天能呈现更接地气的画面感？

这个话题非常的重要，很多“三农”领域的创作者。规划好账号的定位之后，当面对镜头的时候就会发现，我拍的视频也是地里的事儿，也是农村的事儿，为什么感觉就差了那么一大截。这个感觉就是我们常说的镜头感。

如何与镜头聊天，如何创作出更加自然接地气的画面感呢？有这样的几个方法，不妨一用。

第一，希望和观众有沟通感就必须看着手机摄像头。这一点至关重要。这也是很多创作者容易忽略的一点。我们现在都在用手机进行视频采集和拍摄，所有对着镜头的沟通都是看着手机屏幕，这是完全错误的。眼睛一定要盯住手机的摄像头，不论你用前置摄像头还是后置摄像头，这样用户在看你的视频的时候，他们会和你的眼神有一个直接的交流。

第二，真的要摒弃演绎的做法。很多人平时很自然，但是一旦面对镜头的时候，就会有一个现象，马上像播音员一样正襟危坐。这样拍出来的视频给人一种非常做作的感觉。

学会与镜头聊天

呈现最朴素的生活

要想破解这个难题，首先，心态要摆正，我们不是演员，我们记录的是我们最真实最朴素的原生态生活。有一说一，有二说二，每天怎么劳作就记录什么。

其次，表情控制训练经常做。每天早晨起来刷牙的时候面对镜子。刻意地去练习一两个对话的内容，重点是表情管理的训练。

另外，作为初创者要反复拍摄，不断地提高技能。这个技能包括脚本撰写能力、拍摄和剪辑的技术。作为初创者，在拍摄视频内容的时候，每个内容多拍几次，多积累素材，然后通过剪辑做好需要的内容。

学会表情控制

多积累素材

做“三农”短视频简单易学的剪辑软件有哪些，如何轻松上手半天就学会？

剪辑视频，建议初做短视频自媒体的创作者多使用手机的剪辑软件。手机拍，然后直接用手机里的剪辑软件剪辑，方便又高效，轻松实现内容输出。

下面就以剪映为例，讲一下这个软件的使用。

手机剪辑软件剪映的五大功能实操：

操作界面

首先下载“剪映”并安装完成。打开软件点“+”开始创作（图1所示）。

操作界面概览

可以选择视频或图片导入后进行编辑（图2）。选择想要编辑的视频，可以选择多段视频或图片（图3所示），然后点最右下角的添加按钮，添加视频或图片到编辑窗口中进行编辑。

视频编辑

主要有如下功能——分割、拉长、拉短、放大、缩小、变速、音量、动画、删除、编辑、滤镜、调节、透明度、美颜、降噪、变声、复制、倒放、定格。下面就介绍一下常用功能的使用方法和技巧。

导入视频或图片后，操作依次为：

（1）进入剪辑界面上半部分是预览窗口（图4所示）。所有剪辑编辑后的效果都可以在这里预览，所见即所得。同时也可以在预览窗口中用双指放大或缩小视频进行重新构图。

（2）中间部分是剪辑区（图4所示）。剪辑区有时间线、时长显示、撤回操作、关闭原声、添加新的视频或图片等功能。需

编辑功能演示

要注意的是，下方剪辑功能区的选项随剪辑区点选视频或音频或者文字而转换不同的操作图标。

（3）剪辑功能区。主要的编辑功能按钮都在这里呈现。比如分割视频、添加文字、添加音乐和音效、画中画、特效等。点选视频条下方剪辑功能区就会出现视频剪辑功能（如图6所示），点选音频剪辑区下方就会出现音频剪辑功能按钮，同样点选文字也会出现文字编辑的按钮。

（4）分割（如图5所示）：点选剪辑区视频编辑条，播放或者拖动播放指针，停留在想要分割的位置后，点下面剪辑功能区第一个按钮“分割”，对视频进行分割（分段落）操作。分割后点选想要删除部分，点下面删除图标就可以删除（图6）。我们在拍摄“三农”题材的短视频时，如果是个人完成拍摄操作，都是把手机放在三脚架上点拍摄按钮后再拍摄，视频不可避免会出现从手机前走到画面合适位置的过程图像，所以，我们在剪辑的时候，前面的部分都是要去掉的，西瓜视频相对简单一些，去掉头再去掉尾，加上封面或片头然后添加字幕就完成了。

（5）拉长、拉短。图6中点选一段视频以后，这段视频两边都会出现白色的框线，拖动白色的边线可以把视频缩短，这操作和分割达到的效果是一样的。如果感觉视频太短，手指很难点选或者没办法精细分割到位，可以在视频剪辑区双指向两边滑动，可以把时间线拉长，方便更细致精剪。

（6）变速。变速分为常规变速和曲线变速。点选要编辑的视频，选择下方功能区的变速（图7），点常规变速就会出现图8所示的画面，可以最小调整到0.1倍速，最快调整到100倍速。曲线变速拍Vlog时可能会用到，平时是用不到的（图9）。

变速功能演示

（7）**音量、动画、编辑**。图10所示，选中要调整音量的视频或者音频，点音量就可以进行音量大小的调节了。“三农”类短视频创作者经常会在室外录制内容，如果没有专业的收音设

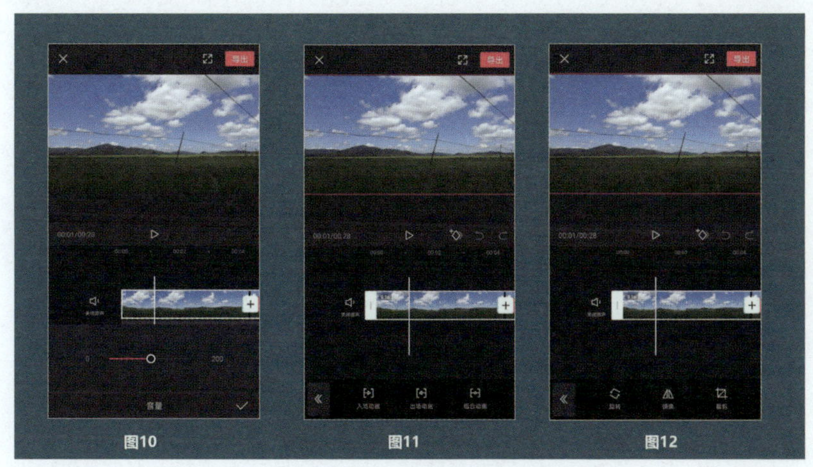

音量、动画、编辑功能演示

备，可以在剪辑的时候调整音量大小。同样可对视频的入场出场进行动画调节（图11），这个操作不太常用到，了解就可以了。点选编辑按钮，可以对视频进行旋转、镜像及裁剪功能（图12）。可以根据需要把视频旋转90º、180º。镜像就是左右调换，利于重新构图。使用裁剪功能可以把视频进行重新构图，去掉不需要的部分或者调整视频的尺寸等。

（8）滤镜、调节、不透明度、美颜、降噪、变声、复制、倒放等功能的操作。这些功能都在下方的剪辑区，虽不常用但也可以自己尝试使用一下。滤镜可以调整视频色彩。可以调整视频亮度、对比度、饱和度、锐度、色温等。如果在拍摄过程中亮度不够可以通过这里进行调节。

音频编辑：

包括音量、淡化、分割、拉长拉短、踩点、变速、复制；音效、提取音乐、录音等功能。

（1）音效、录音。音频剪辑功能菜单中最重要的就是，音乐、音效和录音功能。音效里可以选择各种环境音、笑声等，比如我们拍摄农村的视频时可以添加一些清晨小鸟的叫声、小溪流水等，这样可以为自己的视频增加现场感。录音也是“三农”类短视频创作者常用的一个功能，有的时候现场比较吵闹，可以通过后期配画外音来解决这个问题。

（2）插入音乐、音乐分割、变速功能的使用。点“音乐”图标，就会出现图17的画面，我们可以从剪辑软件自带的音乐库中选择合适的音乐，也可以从自己抖音收藏的音乐中导入音乐，导入音乐有这样几种方式：从视频中提取音乐，自己保存的带音乐的视频都可以用于提取音乐；从链接导入音乐，在抖音上复制一条视频的链接，然后粘贴到导入链接中，可以导入音乐；还可以把手机中保存的音乐导入到视频中。

音乐的分割：在编辑窗口中点选音频，就可以在下面功能区中选择分割来把音乐分段，也可以拖动边缘来拉长、拉短音乐。

淡入淡出：可以让音乐的开头淡入，也可以在结尾处淡出音乐（图18）。

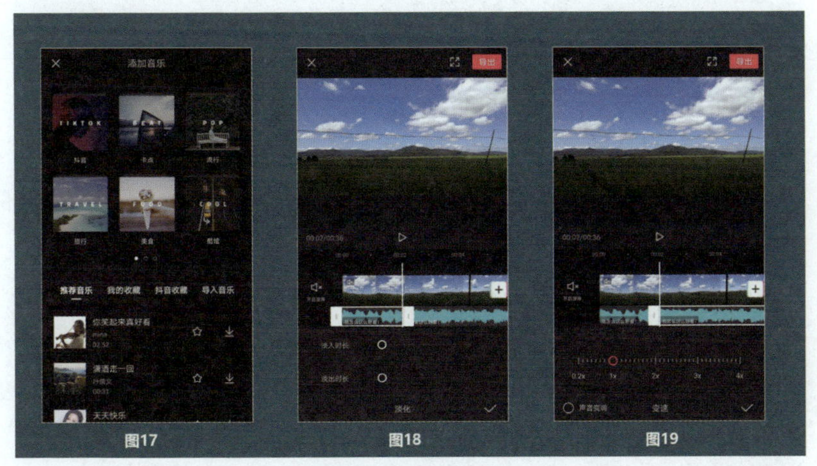

图17　图18　图19

音乐的编辑演示

变速：点变速可以调整音乐速度，最慢到0.2倍速，最快到4倍速（图19）。

（1）新建文本。点主界面的文字就出看到图20的文字功能菜单。点选新建文本（图21），可以看到出现文字输入窗口，并且有字体、颜色、描边、标签、阴影、间距等文本设置。

（2）识别字幕。点识别字幕（图22）就出现自动识别设

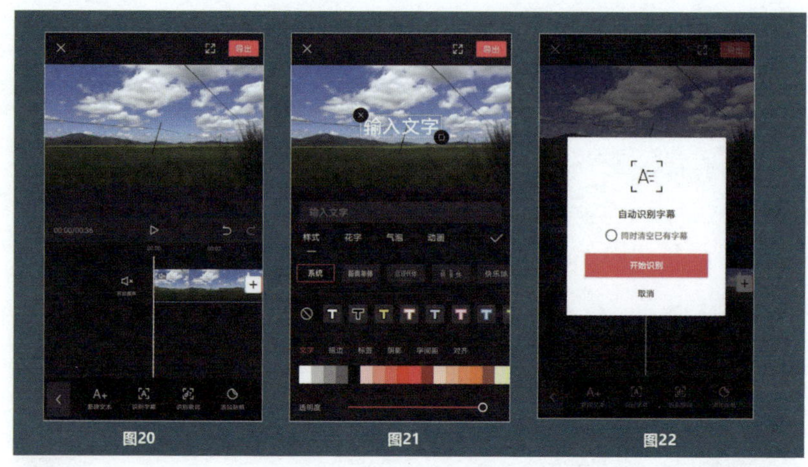

新建文本及字幕识别

置。点开始识别就可以了。如果“三农”题材短视频的创作者普通话比较标准的话可以应用这个功能，识别正确率会比较高，非常方便。如果识别有小错误还可以逐条进行修改。

剪映功能非常强大，剪好视频还可以一键发送到抖音平台；抖音上收藏的音乐也可以同步到剪映上。

12 如何一键给自己的视频添加字幕？

如何一键给自己视频添加字幕？这个问题比较简单，如果你用手机进行拍摄，用一个软件就可以搞定了。

手机拍摄的创作者可以下载剪映这个剪辑软件。当我们把视频裁剪完之后，点击剪映下方的文字。在文字编辑栏中有一个识别字幕。点击识别字幕，就可以自动地识别出视频当中的语音。当然这个识别度和您的普通话是否标准有关系，如果普通话不好，识别出来的文字有错别字，可以点击这段文字进行修改。一句一句地进行检查，修改到最后就完成了添加字幕这个工作。

如果用电脑进行剪辑，可以下载一个软件“Arctime”：

好用的电脑剪辑软件

- 第一，打开软件导入要加字幕的视频。
- 第二，点击语音识别，然后一键切分时间轴，然后再进行识别。
- 第三，点击语音识别，语音识别里有几个选项，选择了识别引擎为普通话，然后进行批量识别就可以了。
- 第四，双击每一个字段可以更改识别错误的文字。
- 第五，点击导出。MP4画质越高，生成的文件越大，对存储要求越高，可以根据使用情况选择合适的画质，存储后就生成了一个带字幕的视频文件。

不论用电脑进行剪辑或者生成字幕，还是手机剪辑生成字幕，我建议以方便为原则，如果你用手机拍摄就没有必要再导入到电脑当中去操作，如果您用单反相机进行拍摄，必须要用电脑进行剪辑，那么就可以用电脑软件进行字幕生成。

对于初创者来说，为了节约设备成本，提高创作者的成功率，用手机进行拍摄和剪辑是最佳的方式。

好用的字幕制作软件

如何玩转“三农”短视频和直播？

“三农”短视频和直播是强化账号人设、涨粉以及带货的主要工具。要玩转“三农”短视频的直播，首先应该了解直播流量推荐的算法，然后再学习直播玩法。

直播流量推荐算法

根据西瓜视频和抖音官方解析，推荐算法主要侧重这几个方面：

①侧重于相同喜好用户的推荐，也就是你直播的是美食内容，系统就会把你直播间推送给那些平时愿意看美食内容的用户，你直播的是“三农”内容，或者是“三农”产品直播带货内容，你的内容同样也会推荐给这些有相同喜好的用户。

农产品直播带货

②侧重于中重度爱好观看直播的用户。中重度爱好观看直播用户指的就是那些平时经常看直播的用户，根据算法，你直播的内容，系统不会推荐给那些从来不看直播的用户，所以，你不用担心观看你直播用户的群体和你直播内容的相关性小这种问题。

直播现场

③侧重于附近人群，也就是同城。我们在直播的时候会发现很多直播用户来源于同城，也就是来源于直播广场，所以当你直播的时候系统会基于你的位置去覆盖周边的这些经常看直播的用户。

④流量侧重于营收效果人气高的主播。这一点尤为重要，也就是你在直播的时候收到的直播打赏较多，这会成为获得流量的主要因素之一；还有就是直播间里的互动率以及停留时长，这些要素构成了直播间人气要素，人气越高，推荐的流量也就越多。

所以直播的运营，要根据这4个维度运营。做到直播的时候能够被目标用户看得见，能够因为你的吸引进得来，能够在你直播间停留，并且有超高的转化率。

做好“三农”直播，核心在于“人”“货”“流”。

“人”是指主播以及账号的人设，如果你做的“三农”账号具有非常有魅力的人设，那么在直播的时候带货能力就是非常强的。

“货”也就是我们所要售卖的产品，“三农”题材创作者所售卖的产品无外乎农产品等土特产。产品是否具备高性价比，是否具备综合优势，决定了直播间转化效率。

选品可以从三个维度进行。一是品牌是否有认知度，如果品牌有一定的认知度，那么在直播销售的时候，只要价格合适，产生订单是比较容易的；二是品类认知度，比如我们销售大米这个品类，大家熟知的大米中的优良品种就是东北大米或者叫五常大米，这就是品类的认知度。如果你销售小龙虾，你售卖湖南的小龙虾，就不如售卖湖北或者江苏的小龙虾，因为这个品类的认知度，基本是湖北的潜江和江苏的盱眙最著名。具有地域品类认知属性的农产品是选品中需要关注的，比如说吉林的冷面、东北的野生木耳、新疆的干果等，所以在选品的时候要注意品类的认知度，选品类认知度高的产品能够帮助你进行销售。最后一个是性

选品很重要

价比。性价比是直播转化率的直接要素，作为一个“三农”内容创作者一定要销售有品质的产品，如果销售的是劣质产品坑害了粉丝，那么粉丝下次就不会再购买你的产品，这对你整个账号的发展和人设的发展都是百弊而无一利的。

“流”是指流量，流量的最大支撑就是账号本身拥有的粉丝量。直播间的人气决定了流量的多少。做好上述这3点就打好了超强的直播带货基础。

玩转“三农”直播，还需要关注以下的要素：

主播的基本技能和素养。主播的技能包括说话的语调、语速、语气、心态、直播技能等。着重讲一下主播的心态。来到直播间的人员复杂，直播时的情况复杂，所以作为一名主播应有足够的应变能力，应该以一个平和的心态去应对各种评论，包括“黑粉”的评论。要掌握幽默的说话技巧，幽默地化解粉丝的尬聊和尬问。这是一名优秀主播的基本素质。

在直播的时候语速要适中。在直播的时候，语速要适中，语

直播注意说话技巧

主播介绍产品要有真实情感

调要有抑扬顿挫，语气要带有真情实感，要发自内心去推荐一款优质的产品，要有立场，在有态度的同时还要有个性和情感。

主播的技能包含三大话术体系

（1）**控场话术**。比如说要对进入直播间的粉丝表达欢迎和感谢。要不时宣传直播间，为今天的活动带节奏，引导粉丝关注销售。这些都属于控场话术，一个主播的控场能力强弱决定了进入直播间粉丝的停留率。

（2）**互动话术**。提高互动率，提高直播间热度，完全依赖于互动，话术互动是一个主播的基本技能，掌握了这门技能能让直播间里面的热度非常高，从而获得平台的推荐流量。

（3）**成交话术**。形象地描述商品，展示商品，把商品优势用专业的知识进行讲解，通过案例来增强粉丝的信任度，通过多重的优惠玩法直击粉丝需求。通过饥饿营销的话术可以提高购买的紧迫感等，这些都属于成交话术。

如果使用抖音平台进行直播，想要直播间获得大流量，还有一个方法不可以忽视，就是DOU＋推广。我们可以在直播前的半小时，在自己账号里，找到一条合适的视频内容，进行推广，看到你视频内容的时候，可以看到你的头像上正在直播的标记，如果用来引流的那条视频足够有趣，就能够给你的直播间带来流量。另外，还可以分享直播间，如果直播过程当中的留存率、互动率和转化率都非常之高，这个时候可以采用分享直播间的方法进行引流。

总而言之，要想玩转直播，需要综合的运营能力。是对账号内容是否垂直，账号是否有人喜爱，让人信任的人设是否确立的检验。是对“三农”创作者选品能力和直播能力的考验。

账号正在直播

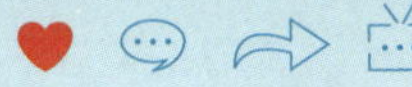

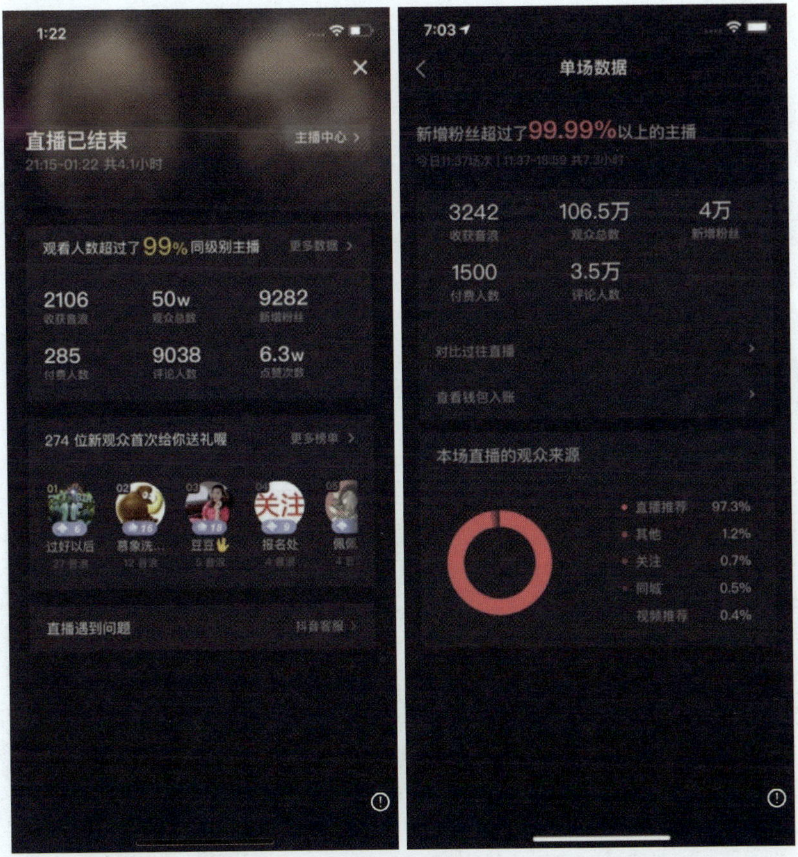
1:22
直播已结束
主播中心 >
21:15-01:22 共4.1小时
观看人数超过了99%同级别主播
更多数据 >
2106
收获音浪
50w
观众总数
9282
新增粉丝
285
付费人数
9038
评论人数
6.3w
点赞次数
274 位新观众首次给你送礼喔
更多榜单 >
关注
过好以后
慕象洗...
豆豆
报名处
佩佩
直播遇到问题
抖音客服 >
7:03
单场数据
新增粉丝超过了99.99%以上的主播
3242
收获音浪
106.5万
观众总数
4万
新增粉丝
1500
付费人数
3.5万
评论人数
对比过往直播
查看钱包入账
本场直播的观众来源
直播推荐 97.3%
其他 1.2%
关注 0.7%
同城 0.5%
视频推荐 0.4%

直播数据概览

农产品带货直播前必须要具备的六大要素是什么？

直播前必须要做充分的准备，因为直播前的预热决定了直播流量以及转化效率，那么直播前要准备的有哪些方面呢？

第一，制作直播封面

制作直播封面是80%的人都会忽略的。很多人点击直播之后就直接进行直播，没有想到应该认真地去做一个直播封面，从而导致流量的缺失。抖音直播的封面可以制作两种规格：竖屏和横屏，一种是9：16，一种是16：9；西瓜视频的直播只能制作9：16的横屏封面。制作封面有下面的几个要素。

直播封面很重要

- 画面尺寸精准不变形。也就是说你需要用是9：16的封面，就不要做成3：4或者1：1的，尺寸不对会造成画面比例失调，画面内容变形。
- 要制作有视觉冲击力的画面。比如说你要带货芒果，就可以使用高清的芒果园的图片作封面，或者是主播大口吃芒果的这样的图片，这些画面具有一定的视觉冲击力，从而能够吸引用户的关注，点击到你的直播间里来。“三农”领域的主播带货，应该多拍一些具有现场冲击力的画面，作为直播封面。
- 保证画面主体清晰。直播封面避免像海报似的杂乱，主体清晰是指画面当中想要突出的主体鲜明。比如我们带货火龙果，可以拍摄高清的活动画面。附带今天直播的优惠程度或者优惠力度，这就完成了一个信息传达准确、内容鲜明扼要、画面整洁的优秀封面。

第二，撰写标题

直播的标题虽然只有5～30个字，但是标题能够起到引导用户观看的作用，不能轻视。制作标题的时候不要成为标题党，比如说表达的内容和直播内容不相符，相差比较大；还有所写词汇生涩难懂，看了也不知道你要表达什么；又或者天马行空，抓不住重点，这些都是要避免的。标题当中最好还有分类和选择分类，这样有利于系统进行精准的推荐。

第三，视频引导

每次直播之前的半个小时到一小时可以发视频内容进行直播预告。如果不是每天直播，一周直播一次或者更久，可以每天都做预告。视频引导能够让用户有所期待，经过反复提醒，让其记住你直播的时间，本次直播能够有什么样的优惠或者销售什么样的特价产品，视频引导也是直播引流的重要因素之一。

第四，朋友圈引流

一场直播，外部流量也是非常重要的流量来源之一，我们可以提前在朋友圈发布海报或者是文案内容来引导用户去观看直播。

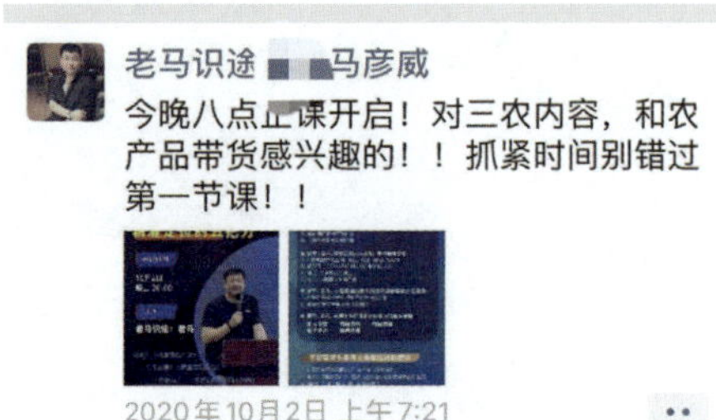

外部引流

第五，社群引流

粉丝社群进行提前告知是直播引导外部流量的重要手段之一。我们可以在微信社群、QQ群、今日头条的圈子上还有微博等外部自媒体粉丝聚集的地方进行预告，来召唤粉丝参与你的直播，进入直播间。这也是很多直播大咖所采用的方法。如李佳琦就有近千个宠粉群，每次在直播之前都会提前在粉丝群预告。

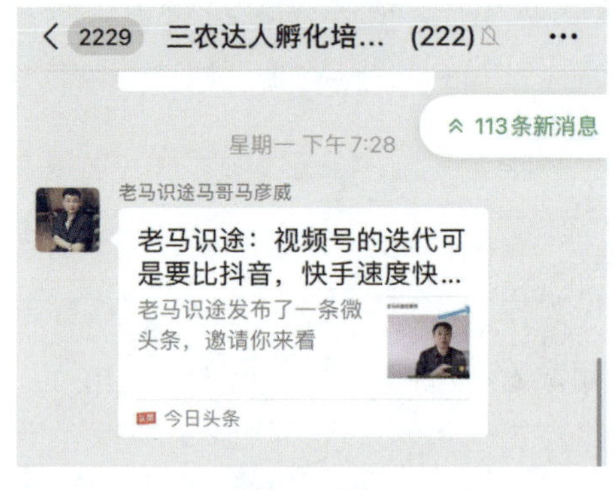

社群引流

第六，主播根据流程进行预播

重要的直播，主播必须在直播前进行预播，也就是把所有的产品都“走”一遍、熟悉产品的特点，熟悉本场直播的活动内容。做到不打无准备之仗。

一场好的直播，提前预热和提前准备是必要的，这样可以避免直播间没人的尴尬现象，同时也避免在直播间，因为对产品或者流程的不熟悉，对价格或者政策的不熟悉而出现的“翻车”现象。

预热

15 如何写“三农”直播脚本？

写好直播脚本是一场优质直播的保证。

即使是个体的“三农”领域自媒体创业者，在直播之前也要养成撰写直播脚本的习惯，以免在直播间进行尬聊或者转化率不高的现象发生。一个适合“三农”直播的简化脚本，主要包含下面几个要素：直播标题、直播农产品信息、直播测试、直播流程。

直播标题也就是这次直播的主题，这次直播什么样的产品，要想做到什么样的一个目标等。

直播农产品信息，也就是对这次直播销售的农产品有一个详细的解说。充分地了解带货产品是主播的必做的功课，也是直播过程当中促进销售转化的必要因素之一，这一点是非常重要的，一定要进行充分的准备。

直播测试主要包含直播之前对于设备的调试，提前查看网速、直播手机的电量、直播背景布置、光线情况及产品的摆放等。做到万无一失。

南丰蜜橘直播策划脚本	
直播主题	三农南丰蜜橘扶贫
主播介绍	大学生返乡创业，致力通过互联网把家乡优质农产品打造出去
直播流程提纲	
1直播主题介绍	通过短视频平台直播把最好的蜜橘安全健康地送到消费者手中
2本期直播目标	观看：20000人在线观看　转化：100+单
3直播团队分工	①主播：引导关注，介绍产品和解释活动规则转化产品　②直播助理负责互动回复问题，发放优惠信息和后台技术
4直播时间	晚上8：30到10：30
5直播产品推荐	1蜜橘的特点（简洁浅显的文字来描述）　2做好产品优点的主次排位 3有没有套餐推荐（例如脐橙蜜橘一起购买）　4产品信息（场地、品种、价格）　5、对人益处　6、产生效果
4抽奖互动环节	1西瓜视频系统抽奖　2截屏抽奖　3务必预告下期活动 1截屏抽奖抽奖赠送　2限时优惠的饥饿营销
7痛点挖掘	1挖掘买家痛点（价格、口感、发货、新鲜度）　2蜜橘如何辨别真假好坏 3选择此产品的理由 4销量低（新店）
8结尾	1促单出单说明及购物须知　2提前预告明天的直播内容
前期需要注意的点	
①微头条视频图文提前1天预热　②提前把标题文案封面准备好　③直播前先调试设备　④利用好贴纸功能（核心点写上去）	

直播实况

直播的流程主要包含以下几个方面：

- **预热** 开场主播或者主持人提前预热开场，促进粉丝黏性，和粉丝打招呼，告知这次直播的内容，调动现场的气氛，让提前进入直播间的粉丝有所期待。
- **秒杀或其他福利活动** 预热开场一般都伴随着给粉丝提供福利活动同时进行，这样可以留存粉丝，增加粉丝黏性，提高直播间人气。一场直播要穿插多次活动内容。这也是直播脚本和直播流程当中需要重点设计的环节，一般每隔10分钟左右要做一次活动。
- **直播互动** 直播互动的目的是留存现有观看的用户，或者让用户形成裂变，分享直播间以增加粉丝数，提醒关注直播间或者加入粉丝团。这个时候西瓜视频的直播可以采取抽奖钻石的玩法，抖音或快手可以通过截屏抽奖进行互动。

- **产品介绍以及有关产品的问答互动**　销售产品的过程当中，一定要介绍产品的优势、亮点、性价比，以及吸引用户购买的诸多因素。所以一个好的直播脚本当中必须包括更多的关于商品的介绍以及促单话术。
- **下次直播预告以及结束语**　直播的最后要进行下次直播的预告。直播快结束时要感谢粉丝，感恩粉丝的一路相伴以及支持，并预告下次直播时间以及下次直播的福利及其他活动，吸引粉丝下次直播的时候进入直播间。

如何对农产品带货的直播间进行预热？

如何对直播间进行预热呢？有下面几种方法：

建立粉丝社群

（1）圈子

好的创作者都会建立自己的粉丝圈，如今日头条可以建立自己账号的圈子用户。当你的今日头条账号开通圈子以后，一定要通过圈子建立自己的粉丝社群，每次在开直播之前都可以提前在圈子当中进行预热。

（2）微信社群

建立微信群。如果你的微信群有大量的粉丝，那么每次直播都可以在社群发通知，告知粉丝直播的内容、直播的优惠力度，介绍直播的产品种类等，提前通知用户，以免造成直播间里无人观看的局面。

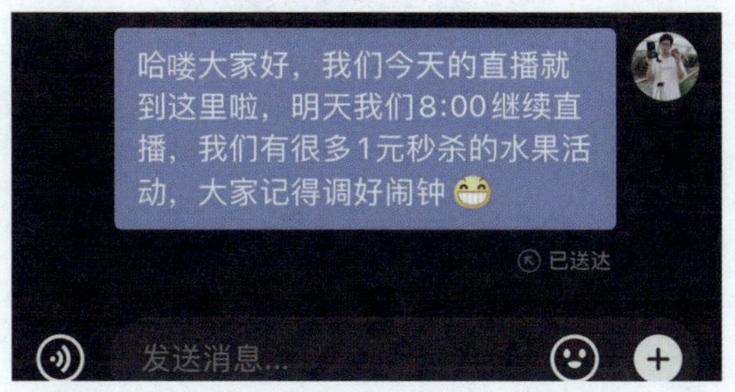

微信社群预告

进行内容预热

可以通过抖音快手短视频和微头条进行提前预热。如果您在抖音快手短视频上进行直播，在直播之前可以发1~2条短视频内容进行预热，提前预告，你今晚的直播内容（带货产品）或者直播的优惠力度等。如果在西瓜视频上进行直播，就可以通过写今日头条文章或者是微头条提前进行预热，通知粉丝，您将在某日的某一个时间进行直播。

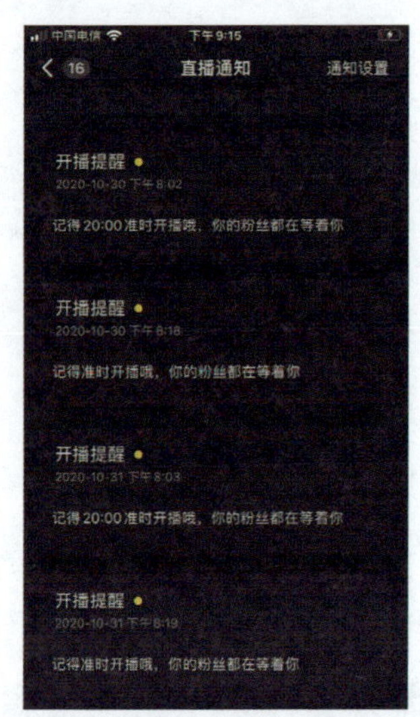

也需要通知主播直播

用微信朋友圈和其他自媒体引流

如果您有大量的微信好友，也可以通过群发或者发朋友圈的形式进行预告；如果您在其他自媒体，比如说微博、小红书等平台拥有自己的粉丝，那就在这些平台上进行提前预告，为你的直播间进行引流。

做流量推广

可以通过支付推广费投放的形式给自己的直播间进行推流。以抖音为例，抖音平台就有DOU＋功能，可以直接投放直播间，给你的直播间进行推流；也可以投放你账号当中的某一条视频进行推流。当别人看到你这条视频，对你的内容感兴趣，而你的账号正在直播，就有可能进入直播间观看。

DOU＋推广视频

直播间推流

在直播的时候，可以正确引导粉丝刷礼物，或者自己刷礼物来进行推流。因为直播间的权重取决于用户停留的时长以及用户的互动率及打赏情况。所以这个时候可以通过刷礼物，通过抽钻石、产品抽奖或秒杀等活动提高直播间的停留率、互动率，提高收到礼物的数量，给直播间进行推流。

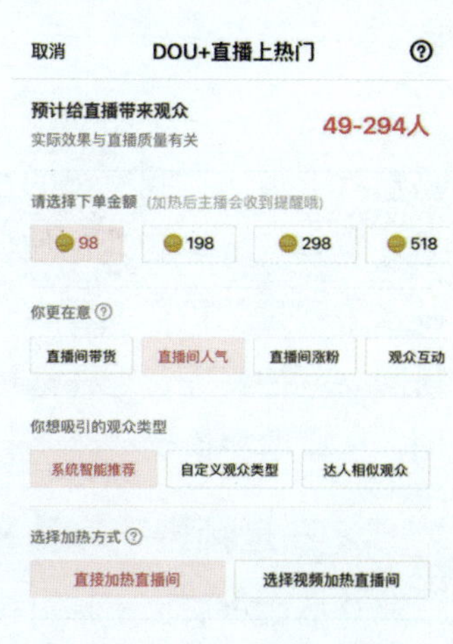

DOU＋推广直播间

以上方法可以综合运用，其中最关键的在于粉丝社群，维护好你的每个粉丝，只有具备一定数量的粉丝基数，各种推流才会产生良好的效果。

17 农产品带货的直播间如何增加粉丝的黏性？

一是定时直播

直播时间最好固定，例如每天晚上8：00直播，每天直播3个小时，目地是培养粉丝进入直播间的习惯。

二是多和粉丝互动抽奖

直播的时候，最好不要光卖货。我们在直播的时候，应该和直播间的粉丝多互动。例如："小丽吃饭了吗？""上次在我家买的水果好吃吗？""我教你如何做水果沙拉吧！"或者在直播间发起抽奖等，这样都可以有效地拉近主播和消费者之间的距离，从而增加粉丝黏性。

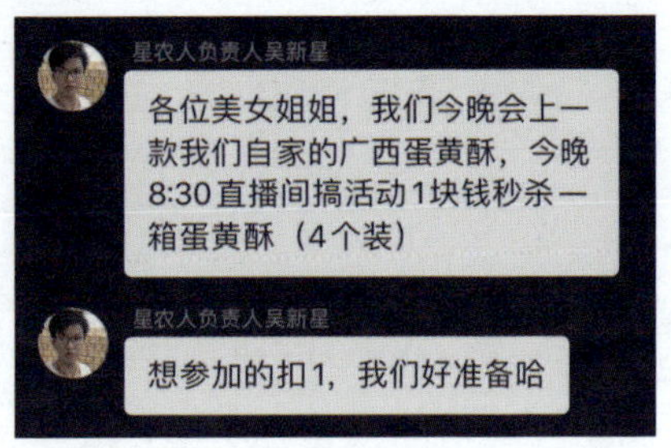

和粉丝互动

三是预告下期直播福利和活动

直播结束后，主播可以提前告知粉丝，下期在几点钟有什么福利活动，让粉丝们调好闹钟，下期直播时准时来观看。

如何复盘一场“三农”领域的直播？

直播后应该及时进行复盘，可以从4个角度来进行复盘：

一是复盘直播间存在的问题

在直播前，主播都会先准备脚本，但是在直播开始后，还是会出现说错或者忘记说内容等情况，包括直播间总会临时发生一些特殊情况，例如有人在直播间说一些不好的话等。这些情况，下播后都是需要及时复盘的。每个问题都要做汇总并且解决，避免下次直播时再次手忙脚乱。

二是复盘直播规律

我们在直播间的时候，一定要即时观察直播的动态数据，了

下播后复盘

解直播时什么时间点人气最高，什么话题粉丝最感兴趣，什么农产品粉丝转化率最高，这些我们每天都需要汇总，积累数据和直播经验，这些有利于以后的直播策划。

三是复盘直播技巧

直播时，话术是非常重要的。无论是引流话术还是促单话术，这些我们在复盘时需要不断地优化。什么样的话能促进消费者下单，这是主播前的策划需要考虑的。另外，还有我们直播的语速、状态及营造直播良好氛围的技巧等，例如通过什么技巧，让直播间保持活跃的气氛等。

四是优化团队整体目标

直播结束后，直播团队需要开会讨论，分析直播是否完成了目标，是如何完成的，完成的关键点是什么。是因为选品选得好，还是主播有技巧，还是别的什么原因？如果没有完成直播目标，又是什么原因导致的？是不是团队分工不明确，导致直播没效率？这些问题团队是否可以解决？只有经过不断的经验总结和实践，直播才会越来越体系化。农产品带货的效果才会越来越好。

19 如何轻资产搭建并运作一个“三农”短视频直播团队？

前期做“三农”短视频，在条件允许的情况下，团队前期建议不超过3人，3个人的工作分工分别是文案、拍摄剪辑和主播，每个人做自己擅长的事情。

整个工作流程是：文案负责完成拍摄的“三农”短视频的选题和脚本，写好了脚本后交给拍摄人员，拍摄人员根据脚本拍摄剪辑出来成品，然后发布出去预热，接下来就是主播准备开播。主播需要对直播间进行直接维护和对农产品进行讲解，主播就是直播间的主持人。

整个环节，文案是重中之重，如果文案出了问题，很有可能导致拍摄出现问题。很多新手前期可以去模仿平台上热度高的视频，记住是模仿不是搬运，你可以好好揣摩热度高的视频的核心优点，再结合自己的创意来进行组合，下一个千万播放量的可能就是你做的视频哦！

直播团队

20 “三农”领域创作者如何注册多家主流自媒体平台账号？

开始孵化自己的带货账号群，需要注册多家自媒体平台账号。

头条号

① 打开百度或浏览器，搜索今日头条点击进入，再点击右上角的头条号，或输入网址

https://mp.toutiao.com/auth/page/login/?redirect_url=JTJG

② 然后点击头条号后，选择一个登陆方式。选择手机号码注册，输入手机号码接验证码。

③ 注册好之后，需要我们选择注册类型，这个时候我们根据自己的实际情况来选择，如果你是个人就选择个人，如果不是

注册或登录头条号

就根据页面的选项来注册符合自己的账号类型。

然后我们填入自己的账号名称、个人简介并上传头像。

最后我们需要下载今日头条App，登入我们注册好的头条号，进入之后找到实名认证，然后根据系统提示拍摄自己的正反面身份证和进行人脸识别即可（注意人脸识别的人必须和注册人身份证上的人脸一致，否则会导致实名失败）

写好简介

百家号

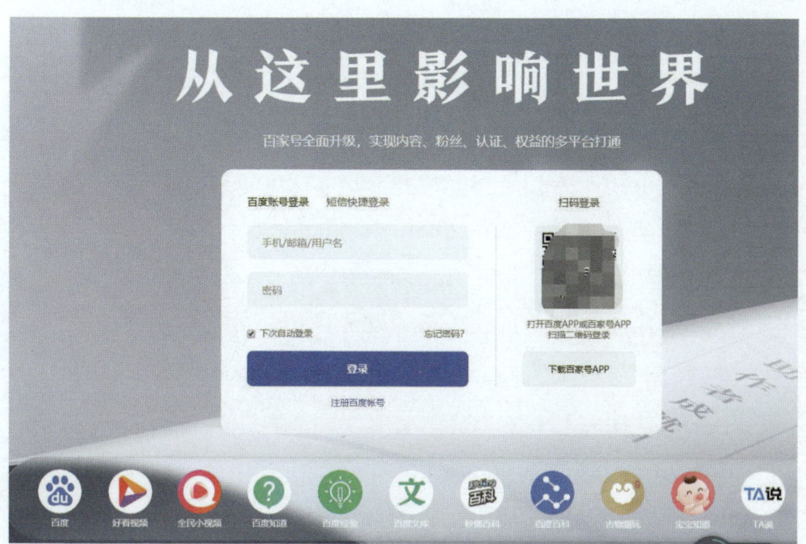

注册或登录百家号

首先打开浏览器搜索百家号，点击进入，然后填上注册信息。

接下来需要我们选择注册类型，如果你是个人就选择个人，如果不是就根据页面的选项来选择符合自己的账号类型。

接下来填写账号信息，账号名字和简介，需要和你打算做的领域保持一致。给大家举个例子，例如我们做的是“三农”领域，账号名字取的是“新星聊‘三农’”简介可以这样写：我是吴新星，一个返乡创业的农村小伙，每天给你带来精彩有趣的农村生活。接下来，选择好账号的属性领域——“三农”领域，之后，就需要持续性地输出“三农”领域的内容。

最后，还需要下载一个百度App，然后登录你的账号，进行一个实名认证即可。记住注册的身份证和认证实名的身份证需要保持一致，否则审核不通过。一般等待1~3天，平台就会出审核结果了。

其他主流平台的注册方法大致都是类似的，平台名和网址如下：

今日头条注册入口：http://mp.toutiao.com

百家号注册入口：https://baijiahao.baidu.com

大鱼号注册入口：http://mp.uc.cn

企鹅号注册入口：http://om.qq.com

微信公众号注册入口：http://mp.weixin.qq.com

趣头条注册入口：

https://mp.qutoutiao.net/login?backUrl=https%3A%2F%2Fmp.qutoutiao.net%2Fpage%2Ffirst-page

一点号注册入口：https://mp.yidianzixun.com

“三农”领域短视频运营的五大误区是什么？

不清楚平台规则

我们想做好一个账号，就必须要明白每个平台的规则和玩法，哪些平台是禁止搬运内容或标题党的，哪些平台是鼓励且十分重视原创的，这些，刚接触短视频的新手一定需要去了解，不然很容易踩坑和违规！

火了之后，开始随意卖货

有部分“三农”领域的作者，有了一定的小名气之后，急于变现，不严格把控产品品质就开始卖货，什么都敢卖，这样是不行的。虽然可以赚一些钱但这不是长久之计！

不要随意卖货

做“三农”短视频如何通过直播卖货赚钱？一锤子买卖很难赚大钱，只有通过回头客的复购才能真正赚到钱，而且这是一个持续积累的过程。只有严选品类，做好品控，做到农产品的品质和价格双优，你的顾客才会越来越多。

拍摄的“三农”类短视频内容同质化严重

随着“三农”领域越来越受到关注，很多年轻人愿意进入这个领域，想通过拍“三农”短视频来赚钱，通过视频流量来获取收益。但是现在各平台的“三农”类内容，越来越同质化了。例如今天看平台是拍抓鱼、做菜的火了，明天你也去抓鱼、做菜等，这样盲目跟风很容易把内容做“死”了。第一波拍这些视频的火了，很多用户都已经看过了这样的内容，你再去拍同样的内容，用户可能就不会有那种新鲜感了，你的内容自然就容易被湮没。

为了拍“三农”而拍“三农”

这句话的意思是，有一些返乡创业的“三农”领域创作者，为了拍“三农”内容，自己扮演成农民，去田里耕田种菜，去扮

短视频贵在真实

真实的生活最接地气

演农民，这样是不行的。这样拍很容易被网友揭穿。短视频贵在真实，生活中是什么样，视频里面也最好什么样，这样，你拍的内容才会更接地气，更真实，用户可能才会更喜欢。

内容不符合用户要求

很多短视频创作者都会遇到这样一个问题，拍摄之前，做好了精心准备和策划，甚至花费了很多资金去拍摄作品。拍之前觉得，这个视频我觉得做得不错，这个内容应该会爆，然而，发出去之后却发现播放量低得可怜，远远低于自己的预期。这种情况经常会发生。

其实我们应该换位思考，要从用户的角度来思考问题。从用户角度考虑，看他们，会不会喜欢这条短视频内容。这里有个好的办法，就是把你的短视频策划内容初稿，发给你的朋友（10个人以上），然后根据朋友们的反馈，从用户的角度来及时优化和修改内容。

给“三农”达人推荐的使你工作效率提升3倍的十大短视频软件有哪些？

给大家推荐几款常用的，简单易上手并适合“三农”领域达人使用，能提高工作效率的十款短视频相关软件。其中有数据分析软件、剪辑软件、字幕软件、水印软件等。

飞瓜数据

飞瓜是短视频领域权威的数据分析平台，它可以做单个抖音号的数据管理、数据追踪，投放情况分析等，能帮助运营者进行数据分析，了解视频热度变化及带货效果。

新抖

新抖是新榜推出的数据查询平台，除数据查询外，新抖可以对视频的评价进行分析，再结合售卖情况和抖音浏览数据提供商品上架建议。能全方位洞察抖音生态，发掘热门视频、直播，爆款商品及优质账号，有效助力账号运营变现及品牌策略投放。

抖查查

抖查查能够追踪短视频流量趋势，能够对商品、带货视频、电商达人销量榜进行数据统计，还能查找出高成交率的商品、单品及最佳发布时间、市场对于视频内容偏好等。

蝉妈妈数据

蝉妈妈是覆盖全网短视频数据的平台，能够提供各平台数据分析和数据监控等服务，内有海量淘客商品资源，可以独家提供抖音商品真实销量和转化率数据。是带货达人佣金对账、视频监控、选品监控必备的小工具。提供最及时的订单数据更新及佣金数据统计，帮助达人快速投放DOU＋并及时监控跟踪精准ROI，全方面多维度监控预警功能，躺在床上就可以轻松监控带货质量。

快剪辑

操作简单，新人可直接上手，内有剪辑、拼接、加音乐、加字幕功能，支持较简易的视频制作。是开发较早的一款剪辑软件。

有用的剪辑软件

爱剪辑

功能同快剪辑一样，适合新人进行简单的视频编辑工作。也是一款开发较早应用较广泛的，能简单上手的剪辑软件。

好用的剪辑软件

剪映

剪映是由抖音自己开发的，一款比较实用的手机端视频制作工具，支持曲线变速、倒放、转场、色度、抠图等功能，功能强大，而且随拍随剪，不用切换到电脑上再编辑。

巧影

内有视频模板和多种水印效果，除基础功能外，还支持多图层编辑、实时预览的功能。巧影功能非常强大，如果学习能力强，建议尝试一下用巧影来剪辑。

选择自已爱用的剪辑软件

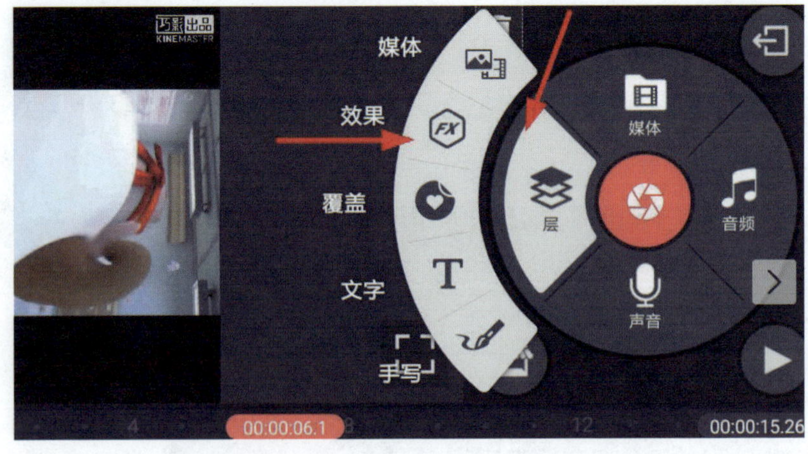

功能强大的剪辑软件

风云水印管家

支持加水印、去水印以及基础视频编辑功能，还能对视频进行压缩变速。

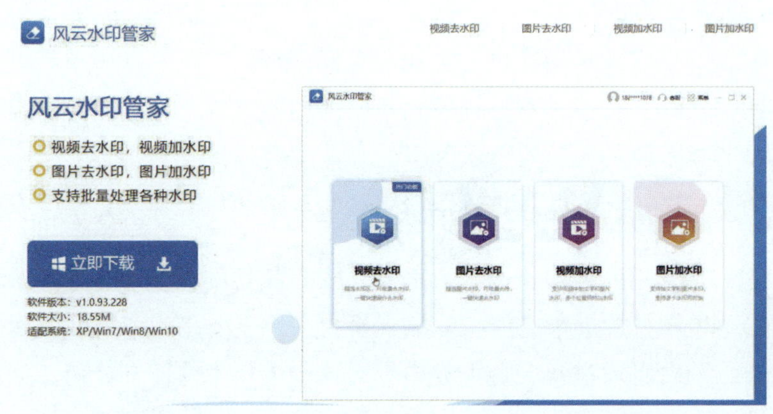

水印添加软件

Arctime（电脑端加字幕软件）

支持所有视频格式以及所有主流视频编辑工具，支持SRT、ASS外挂字幕格式，可进行工程文件交换并直接协同工作。

以上软件各有利弊，个人还是建议不要把精力放在复杂的操作上，尽量选择简单易上手的软件，这样更符合“三农”创作者的要求。

"三农"类短视频可以拍哪些内容？

"三农"是指农村、农业和农民，那么"三农"短视频可以围绕农人、农事、农村扩展到不同的内容方向，可以拍的内容还是非常多的。

围绕"农人"展开内容

农人指的是和农村、农产品、农事相关的人设IP。围绕这样的一个IP打造来布局内容，偏人设为主，主要是为了以后变现服务。消费者通过观看短视频内容对这个人产生信任、喜爱，信赖这个人推荐的农产品。

主要的方向有：

- 农业生产类的农人：记录农产品生产过程。短视频呈现过程，让用户观看时体验到真实，从而产生信任感。
- 农业养殖类的农人：记录畜牧业养殖过程。例如"农村王胖"等。
- 农村事记录型农人：偏人设为主。记录乡村生活点滴，传达乡村人美好生活。比如"乡村小乔""农村365"等。
- 农产品经营型农人：以选品见长，主要特色在于品控，能为用户找到优质的农产品。例如"中源果农"等。

记录农产品生产过程

围绕“农事”展开内容

我国幅员辽阔，地大物博，不同地区生活差异也很大，生活习惯风土人情同样也相差甚远，所以有关“农事”的内容素材很丰富。

主要方向有：

- 乡俗纪实型：偏记录为主，人设为辅。记录农村生活发生的点点滴滴或乡村里的家长里短、大事小情、风俗习惯等等。
- 乡村美食型：农家菜、农家院、乡野美食、户外美食等。美食类的内容涨粉还是比较快的。后期带货美食产品也是比较容易的。

乡村生活素材很多

- 民族特色型：我国有56个民族，展示当地少数民族的风土人情、特色服装、民族特色节日等，让用户了解更多的少数民族文化。可以为以后的民族特色的农产品带货做准备。
- 乡村旅游型：记录乡村风景、民宿、旅游等，宣传美好家乡。特别是有着美丽风景的地区，通过拍摄美景、探秘、体验等，呈现大美家乡。以后可以为旅游类农产品带货。

- 野外记录型：采摘、捕捞等。比如采山货、野外捕鱼、野外建房等。可以为日后的山货带货作铺垫。

围绕农技、科普展开内容

不同地区有不同的农作物，这就为农技类内容提供了很好的内容舞台。传播农业生产、种养技术等科普知识，一方面为广大农民做服务，一方面也是在打造个人的农技达人的IP。

围绕“三农”达人创业展开内容

随着短视频自媒体的普及，“三农”达人创业类型的内容越来越多，而且这类内容可以从田间地头扩展到农业供应链，进城农民创业等更广泛的领域。此类内容可以记录创业过程中的起伏、转折、成功失败，也可以记录创业过程中的情感故事。这类内容很有看点，涨粉特别快。

田间地头都可成为拍摄内容

24 “三农”企业如何玩转直播带货？

“三农”类型的企业，如果想玩转直播带货，可以针对这几个方面去做准备，形成一个稳定的“三农”商业变现模式。

第一，要具备农产品供应链优势

供应链是“三农”企业玩转直播带货的基础，农产品想通过直播进行带货和销售，没有稳定的供应链很难做出规模效应。也可以这样理解，稳定的供应链体系是“三农”直播带货的命脉。

那么如何打造农产品供应链呢？

- **基地优势**　基地优势指的是某一农产品有集中的成规模的生产地，只有这样才能建立快速采摘、运输、打包等时效优势，以及相应的配套设施，比如场地、人工或者分拣设备。如果是多个农产品集中生产地，可以覆盖3个

基地优势

季节以上的产品供应那就更具有地源优势了。比如广西，在这里，有火龙果、柑橘、百香果、芒果等成规模的生产基地。

- **运输优势** 有很强的物流合作议价能力。农产品直播电商都是通过成熟的物流体系来进行运输把农产品送到消费者手里的，如果没有成本低、运输快的物流公司合作，有部分产品就会因不耐储运而被拒之门外。比如火龙果，没有一定的冷链运输的能力，一般运输如遇到天

掌握运输优势

气过热的情况，运输过程中难免会出现烂果现象，这就影响了消费者满意度并增加了售后成本。

- **资源整合优势** 一个基地很难覆盖到四个季度都能销售的农产品，所以资源整合能力是“三农”企业做好直播带货的必备能力。本着以本地产品为主，外地产品整合补充为辅的原则，做好本地农产品销售“空窗期”内，外地农产品的有效补充，让供应链的供应不断层，实现季季有主打，月月有产品在售。

第二，要具备选品和品控优势

品控是一个企业的命脉，一个优秀的“三农”带货基地一定是输出优质产品的基地。所以加强采购人员、包装人员的品控管理是重中之重。同时，这样做也能减少售后服务工作量，以及解除达人带货的后顾之忧。建立一个完善的品控、选品机制和管理团队，是“三农”企业想做直播带货的基础条件。

第三，要具备带货达人的培养能力

“三农”带货达人的多少，以及账号的质量，是“三农”产品销售的保障。一个好的供应链基地，一定具备“三农”达人的培育能力，如果不具备这样的能力，也一定要整合外部的培训资源，一方面培养自己的优势账号以及头部带货达

培养带货达人

人，另一方面要吸引外部大量的无产品无货源的“三农”达人，让他们加入带货团队协调“作战”。这两个方面不分轻重，同等重要。

第四，要具备完善的售后服务体系

售后服务不只体现在问题的处理速度和水平上，还体现在抖音小店或者快手小店后台的运营和管理上。除了售后问题的响应能力之外，还要加强店铺的运营和管理能力。比如说，面对几百甚至上千达人的直播，后台的数据处理能力、货品的数据管理能力、缺断货处理能力，这些都是决定一个“三农”供应链好坏的重要因素之一。企业培育一个有快速反应能力的后台服务小组是做好“三农”供应链的后盾。

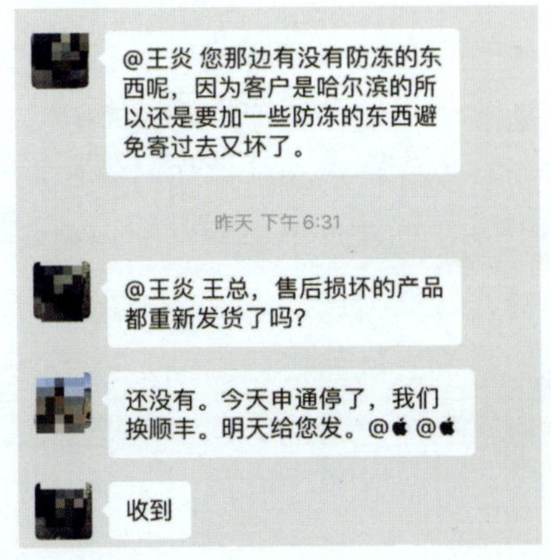

售后服务完善

另外，一个“三农”企业要想玩转直播带货，除了具备以上四个能力以外，还要转变思维，从产品思维过渡到用户思维，从实体思维过渡到互联网思维。做到以上这些，一个“三农”企业就能玩转直播带货了。

25 农场主如何玩转短视频为农场“带货”？

现在短视频越来越火，每一个农场都可以用短视频打造一个属于自己的“三农”领域的IP，然后形成全新的订单农业和体验经济模式，那么具体如何操作呢？

一是农场需要在众多短视频自媒体平台注册自己的短视频账号，建立自己的农业品牌，利用短视频的形式去呈现你农场真实的场景。例如江西赣州，这里最有名的就是脐橙，可以拍摄是如何采摘及运输的，展示脐橙果实的实景，拍摄生产场面，让用户产生身临其境体验的真实感，然后持续地输出此类的农场短视频

展示脐橙果园实景

生产场景

内容，围绕打造农场IP，这样不仅可以积累自己的潜在用户和粉丝，还可以扩大农场的知名度。

二是把IP打造成功后，有了一定的流量，可以把粉丝吸引到微信群，引导粉丝来农场进行实际体验模式。比如蔬果采摘节、农场捡鸡蛋活动等，吸引亲子家庭、幼儿园及压力大的人群前来休闲体验，这样会拉升农场经济以及品牌影响。同时活动产生的内容，再次在短视频上进行呈现，吸引更多人关注形成一个循环的模式，快速让自己的农场发展起来。

逐渐形成品牌

26 水果店如何玩转短视频及直播带货?

如今短视频火越来越火，很多“三农”创作者也在短视频平台上做起了水果的生意。想要让你的水果店在短视频平台上火起来，你首先需要注册短视频平台账号，例如抖音、快手、今日头条。

有了账号，很多人不知道做什么内容，接下来和大家说水果店短视频+直播+水果的玩法。

水果知识类

你可以在你的水果店，通过短视频输出有关水果食用方法的内容，例如如何做一盘营养均衡的水果沙拉，如何制作好看又健康的水果拼盘，幼儿园的宝宝吃什么水果比较好，如何正确地挑好水果等。拍这些内容，粉丝相对垂直，粉丝的购买力和黏性也会更强，有利于后面的商业变现。

输出水果知识

体现货源地实景

创业Vlog记录类

这个创业Vlog记录是很多人比较喜欢的方向，就是自己开了水果店后，你把自己开水果店到营业的过程，用视频的形式记录下来，你可以拍摄你租门店、进货选果及和客户之间的故事，此外，还可以拍开水果店时遇到的困难等（就是你工作的日常），这些内容最好是可以做成一个系列。

接下来很多人就会问，视频拍摄好了，如何让我水果店附近的人能看到呢？毕竟线下水果店最希望的是吸引到附近的消费人群来水果店消费。接下来介绍三个曝光渠道。

①社群引流

可以把制作好的视频通过微信发到附近的小区群或者本地群，让作品得到一个本地化的广泛的曝光。

②添加水果店位置引流

在发布作品的时候，可以选择添加位置，可以把自己的水果店的位置发布上去，这样系统会把你的视频推荐给附近的人看。

DOU + 投放

如果想得到更精准的大流量，可以试一试支付推广投放。例如我们在抖音上发布了一条水果店相关内容的视频，我们可以选择抖音上热门DOU + 功能，可以先投入100元，投放的时候可以选择投放人群范围，可以选择向水果店5公里内的人群投放，那么你花100元，大概就会有5000到几万的本地用户可以看到你的视频了。

这里以经营水果店为例介绍短视频促进销售的办法，大家可以举一反三学起来。坚持输出优质内容，不能三天打鱼两天晒网，视频火了记得马上开直播带货哦!

水果店账号运营

想搞农产品直播带货，没钱没资源，如何从想法到实施？

现在很多返乡创业的大学生，回到家乡后没钱没资源，怎么办呢？办法还是有的。

①返乡创业一般家乡政府都有相关的“三农”扶持政策，例如提供资金和免费的办公室等，可利用好这些扶持政策。

②你可以在当地组建自己的团队。前期可以2~3个人组成小团队，从前端推广营销到后端供应链（可以和别人合作）等各环节合理分工配合，小团队能降低运营成本，会加大你成功的概率。

③建议聚焦某一农产品，这样更容易把控整个农产品供应链，塑造品牌概念，这样做也比较有利于快速优化成本，尽快实现盈利。

组建团队

农产品直播带货如何布局矩阵号？

矩阵账号就是在一个平台上布局多个属于自己的账号，或者在多个平台上布局同一内容类型的账号，这些都属于矩阵账号。下面就详细解释一下都有哪些方式的布局。

第一，同内容多平台布局

做同一个“三农”领域的内容，可以布局在不同的平台上，比如说今日头条的西瓜视频上布局一个长视频的账号，在抖音快手平台上布局短视频账号。在百度百家号、UC、搜狐自媒体、优酷、小红书等其他平台上布局自己的同类型内容的账号。多平台布局能够增加多平台的收入，覆盖多平台粉丝，为农产品直播带货打好基础。建议每个“三农”达人可以考虑多平台布局。

第二，同平台多内容布局

这个适合公司化运作。在同一个平台上布局多个内容，比如说“三农”自媒体当中你可以建立种植、养殖等相关知识的账号，也可以建立带有人物出镜的农业科技人员的人设类账号、农业创业类账号等。

对于个人记录农村生活的，建议在初创期就建立一个大类型下表现不同内容的多个账号。

第三，同平台不同人设布局

布局不同人设内容账号，也就是说，如果您做两个账号，其中每个账号都有一个主角人设，然后这两个账号的人员还会相互在彼此账号当中出镜，相辅相成，相互协助，提供多元化的内容，覆盖更多粉丝。比如西瓜平台上的“小阳响当当”和“泥土的清香”就属于母女关系。“乡村小乔”和“小乔家胖大哥”属于兄妹关系。

同平台多账号布局

为什么要做“三农”矩阵账号?

为什么要做“三农”矩阵账号?有这样几个原因：

首先，能够快速打造一个具有超强人设和内容特点的账号，对于运营团队来说，是可遇而不可求的。不是所有人都可以成为乡村小乔、巧妇9妹或者麦小登这样的自媒体佼佼者。因为这类账号具有个人原生性，也就是说，他们的个人特色鲜明。对于打算做“三农”带货的创业者来讲，矩阵账号就是一个非常好的补充和辅助。即使是没有突出人设，同样可以通过农业知识宣讲普及技术内容，布局多账号用来引流，为今后的带货打好基础。

其次，一般来说。一个账号可以做到“质”优，但是很难做到“量”高。做“三农”矩阵账号则可以在农民、农村、农事不同领域做不同内容布局，覆盖“三农”的方方面面。比如可以做养殖达人或者养殖技术内容，也可以布局农业种植类内容，还可以围绕农人人设布局纪实类农村生活内容，全面以“农”字为核心覆盖农、林、牧、副、渔各方面，做到账号价值最大化。

所以，建议“三农”领域的创作者重视矩阵布局。

优质账号

30 如何高效率布局“三农”矩阵内容?

高效率布局矩阵，有下面两种方法，可以快速实现。

第一，集中突破，以点带面

全部力量集中布局在一个账号上，做好账号的人设和内容定位，集中精力打造一个快速涨粉的主账号，然后围绕主账号布局多个助攻型小账号。比如杨凌农科，就是先布局了一个主账号，然后矩阵布局了多个小账号，集中突破，以点带面。这样的矩阵适合打造具有突出人设或者强内容的账号。

第二，多点布局，全面开花

同时起步多个人设及内容账号。这种布局对于团队能力要求非常高。如果多个账号都要打造内容和人设的话，那么就需要投入比较多的人力，如果多个账号只打造内容，只有小部分账号打造人设，运营相对会轻松一些。

建议西瓜视频帐号运营初期采取第一种布局。抖音和快手帐号的初期运营可以采取第2种布局。但不论哪一种布局，对于运营的要求都很高。布局前策划好每个账号的定位，这是关键。

多点布局

做“三农”矩阵布局需要注意什么？

做“三农”矩阵布局需要注意这样三点：人设清晰、内容垂直、做好配合。

每一个账号的定位都要清晰明了

比如说布局5个账号，这5个账号分别做什么样的内容？是不是都具有人设IP？如果是具有人设的账号，人设的定位也要非常的清晰。如果没有多人设进行打造，不具备人设塑造能力，可以布局多内容账号。

内容布局也要清晰垂直

账号内容的垂直是涨粉和获得平台推荐的基本要求。粉丝最

账号布局垂直

要建立人设

爱关注的就是具有一定人设的账号，其次就是有垂直内容的账号。所以矩阵布局当中的内容布局尤为重要，如果不具备人设塑造能力，或者没有这样的可以塑造的人设可以采用内容布局。内容布局也要在"三农"领域之内进行布局。

矩阵账号的运营要相互配合

粉丝量比较高的账号要多带一带粉丝量比较少的账号，比如直播当中连线、PK。发内容的时候互相@对方，在对方的视频内容当中出镜。多去矩阵账号中评论等。让账号和账号直接产生互动，相互配合协作。

32 如何打造强大的“三农”矩阵？

关于“三农”矩阵账号，第30条和第31条都做了详细的阐述。除了第30条和第31条内容之外，要想做一个强大的“三农”矩阵布局，还有以下几点需要注意。

第一，先占领制高点，再做广泛布局

也就是说你想布局“三农”矩阵账号，首先应该做出一个头部账号。这个头部账号的功能和作用就是占领制高点，本身这个账号的带货能力非常强，人设也特别突出，在整个“三农”领域有一定的影响力，这样为你下面的多点布局，创造一个“有利地形”或者是一个样板。

第二，产品供应链是决定因素

前面第24条详细地阐述过供应链的重要性，以及如何去打造一个完善的供应链。想要布局月入百万的“三农”矩阵账号，供应链是决定因素，如果没有好的产品供应或者稳定的供应链体系，包括发货速度及售后服务、店铺运营能力以及品控、选品等，想打造有强大变现能力的“三农”矩阵，只能成为一句空话。需要先整合好供应链再做矩阵账号布局。

第三，头部账号是百万矩阵的保障

有人会说，我有稳定的供应链体系，那么我聚合上千个“三农”达人进行带货，是不是月入百万就很轻松了呢？从道理上讲没什么问题，但是实际操作过程当中会有很多细节问题让人焦头烂额。比如说，那些带货达人为什么只给你带货呢，达人也可以给别人的基地进行带货。比如说，众多带货达人的管理问题，售后响应速度等，这是一个庞大的管理体系。在实际操作过程当中，还是建议，如果想要创造一个变现能力强的“三农”矩阵，一定遵守“二八法则”，也就是所有的收入当中的80%是由20%的账号产生或者销售出来的。一定要自己培养一部分头部的优质账号以及优质的带货达人，不论是自己培养的还是MCN签约的都可以，这个才是决定“三农”矩阵变现能力的重中之重。

头部账号

如何打造一个人气高的“三农”带货直播间

我们想直播卖农产品，首先要考虑的是直播流量，没有流量就是水中捞月，再好看也没有用。下面我们就从以下三点告诉大家如何让你直播间人气涨起来。

图文预热＋直播

微头条预热

我们以今日头条为例，一般想做好一场直播带货，前1～3天就要开始微头条转发抽奖预热，微头条预热字数一般100～200字即可，预告内容看下文模板：

案例：今日头条头部作者巧妇9妹

巧妇9妹
6月19日 · 三农达人团成员 三农合伙人　已关注

#618好物趋势# 朋友们晚上好，好物狂欢节直播专场开始啦！

9妹在直播间准备了超多福利等着吃货们！是想要追剧小吃？还是要当季水果？还是想要我们的1元秒杀？没错啦！这些今晚在9妹直播间里都可以一一满足大家，还在犹豫徘徊的就要错过了哦！现在快快进入到9妹直播间来吧！

观看9妹直播戳这里的链接：巧妇9妹直播-巧妇9妹农耕劳作视频直播-西瓜直播

活动吸引

预告直播时间

16万展现　内容已编辑

预热＋直播

短视频预热＋直播

一个新账号直播，人流量是比较少的，怎么办呢？我们就可以用短视频（引流）＋直播（转化）的组合玩法来带农产品，这两者加一起，可以起到一个很好的互补作用。具体的分工如下：

短视频拍摄农产品生产过程

第一，短视频负责打造账号人设、可以拍摄农产品从0到1的生产过程，介绍农产品知识、还有平时视频出镜者和农产品发生的故事等，主要的目的除了给直播间引流，还有个核心就是让消费者知道，你家的农产品是原生态健康无污染的，让消费者对你产生信任感，从而下单。

第二，直播的主播负责拉近和消费者的距离，让消费者可以实时动态全方位地了解农产品。再加上主播的一个话术和促单，可以起到一个减低消费者的决策成本的作用，从而加大下单的概率！两者相互结合，成功的概率会更大！

拍摄生产过程

直播预告的话术模板

直播前一天我们需要拍摄7～30秒直播预告视频，一定要提前让粉丝知道，我们要开始直播啦，这样他们也好做好准备。

给大家一个直播预告模板（灵活运用）

①模板：你是谁＋直播时间＋直播平台＋什么产品＋优惠活动＋提醒粉丝设置闹钟准时参加。

②举例来说：大家好，我是谁谁谁，今晚8：00我将在某某平台直播，我们家乡的特产×××今晚有个1元限时秒杀100份活动，大家记得设置8：00点的闹钟，来我直播间参与抢购哦！

直播预告脚本（简版）

时间	场景	景别	画面内容台词
5秒	仓库	全景	我是谁谁谁，今晚8：00我将在某某平台直播
3秒	仓库	特写	我们家乡的特产×××
3秒	仓库	中景	今晚有个1元限时秒杀100份活动
4秒	仓库	全景	大家记得设置8：00点的闹钟来我直播间参与抢购哦

专业术语解释

什么是脚本：一个爆火的短视频背后，都是有一个完善的拍摄脚本的，拍摄脚本的意思可以理解为，对需要拍摄的内容进行设计和策划的提纲或文案，我们拍摄的时候，有脚本就不容易乱，拍摄过程中会顺利很多而且提高拍摄效率。

按脚本拍摄提高效率

什么是景别：我们在看电影的时候，通常会有不同的场景，不同场景对应不同的景别，景别可以理解为，视频画面取景范围的不同造成拍摄的主体大小的差异。

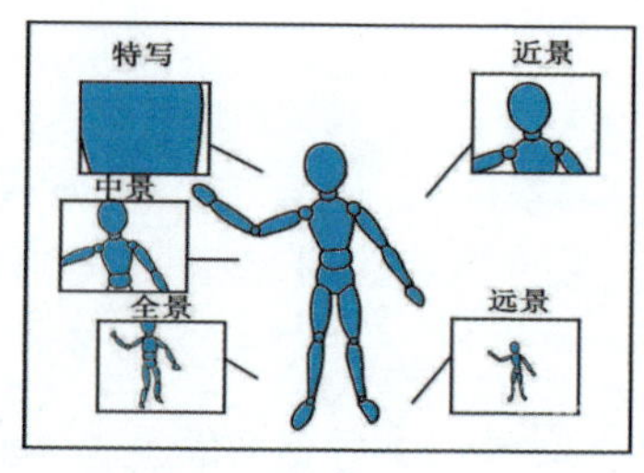

景别示意图

微信朋友圈和社群+直播

很多做农产品的朋友，每个下过单的人，很多人都会建立自己的粉丝群，这样做的好处有两种，一是方便用户复购，二是开始直播时把直播链接分享到自己的微信社群。

这样做可以有效地实现直播间的流量冷启动和扩散，这个很重要！很多人直播的时候担心自己的账号没流量，其实只要把直播链接发到微信粉丝群，就可以实现直播间冷启动！

冷启动的途径

如何建立“三农”个人IP品牌?

大家都知道，现在大家买东西都注重看品牌，农产品也是一样的。今天我们来聊聊农产品如何打造“三农”人设IP。

首先你需要在众多短视频自媒体平台注册自己的短视频账号，建立自己的“三农”人设IP，利用短视频的形式去呈现你自己的农村真实场景和故事。

例如我是江西赣州的，我们这边最有名的就是脐橙，我就可以拍摄我在农村种植的脐橙的各种真实体验及各种农村生活场景，还有回农村创业过程中发生的事情和遇到的困难，然后持续地输出“三农”相关短视频的内容，围绕农村的主题来打造自己的“三农”人设IP。这样不仅可以积累潜在的用户和粉丝，还可以扩大个人的知名度，为直播带货做准备。要注意的是，所有的视频内容和直播内容都尽量围绕主题，这样才能增加粉丝垂直度和黏性。

建立个人IP品牌

35 “三农”直播带货的三大玩法是什么？

模式一：原产地直播

优势：

①可以真实且直观地展现出产品的特点和生长环境。

②水果原产地可以触发人的购买欲望且提高信任度。

原产地直播

缺点：

室外温度过高手机容易烫到关机。

人容易热到中暑，注意避暑。

模式二：仓库直播

优势：

能直观地展现农产品发货现场，有利于刺激用户下单购买。

缺点：

现场的环境声音比较嘈杂，直播声音质量可能会受影响。

仓库直播

模式三：家里直播

家中直播

优势：

①直播方便灵活，把农产品放在室内桌子上即可开播。

②直播音环境相对安静不嘈杂。

缺点：

不能直观地展现出产品的特点和生长环境。

场景	直观性	落地性	效果
原产地直播	★★★	★★	
仓库直播	★★	★	
家里直播	★	★★★	

注：直播效果大家可实践后评判

36 短视频如何给直播精准引流？

了解短视频如何精准给直播引流，首先应该了解短视频基于行为标签的大数据推荐算法。

用户所有的浏览行为都会被短视频后台系统贴上若干个兴趣标签，然后根据用户的喜好“投其所好”，推荐给用户喜欢的内容，同时作为创作者所创作的每个视频也会根据视频内容或者标题，提炼出所对应的内容标签，在进行内容推送的时候进行内容的精准匹配。

所以说，运营好短视频的关键是，只要根据目标用户画像去做内容，就能够吸引到非常精准的客流，比如说做“三农”短视频的用户，想吸引那些热衷于生态农产品的用户，那么你就在你所做的视频内容，或者是文章内容当中包含“有机”“生态”“农产品”等关键词，就会推荐给那些经常浏览或者关注这类内容的人群从而实现精准匹配。

那么如何做到精准引流？做到以下几点就可以取得良好效果。

内容要保持垂直

比如说，我只销售自己家种植、养殖的农产品，那么内容就一定要紧紧围绕着你的产品进行拍摄，这样吸引的用户才精准，在销售变现的时候，转化率才更高。

内容垂直

人设保持垂直

如果你拍摄的是农村的生产、生活方面的内容，也希望通过直播带货进行变现的话，那么你只要保持你的人设垂直，也就是你是一个“三农”领域带货人，你为大家找好产品，为大家发掘和发现好产品，吸引到的用户就会因为你的行为喜欢你或者你的内容，在未来变现的时候，就能够提高转化率。

当然做到精准吸引还有很多方法，但是做到这两点效果已经很明显了。